자기주도적 학습 습관을 길러 주는
공부 능력 향상 프로그램

공부

힘

1~3
학년용

2

김누리 지음

다산스마트에듀

《공부의 힘》을 소개합니다

우리 교육이 변하고 있습니다. 이제 학교와 사회에서 인재들에게 바라는 능력은 단순히 외워서 많이 아는 것이 아닙니다. 수많은 자료 속에서 필요한 지식을 선별하여 자신만의 가치 있는 정보를 만들고, 그것을 통해 다른 사람과 의사소통할 수 있는 능력을 원합니다. 끊임없이 변화하고 발전하는 미래 사회에 적응하며, 더 나은 세상을 창조하는 능력을 필요로 하는 것이지요.

그러기 위해서 사회가 바라는 미래 인재상은 다음과 같습니다.

- **동기**를 발견하고 유지하는 사람
- **인지**력이 우수한 사람
- 자기 일에 **몰입**할 줄 아는 사람
- 자신의 가치를 아는 **자아존중감**이 높은 사람
- **창의성**이 뛰어난 사람
- **감성**이 발달한 사람
- **사회성**이 높은 사람

그렇다면 '동기, 인지, 몰입, 자아존중감, 창의성, 감성, 사회성'은 어떻게 키울 수 있을까요? 스스로 키우는 방법을 탐구하고, 실천 의지를 다질 수 있다면 가장 좋지만, 말처럼 쉽지 않습니다. 가장 쉽고 효과적인 방법은 모범이 되는 인물, 즉 위인의 말과 행동, 사례를 살펴보며 구체적인 방법을 찾는 것입니다. 《공부의 힘》에서는 세상을 바꾼 훌륭한 위인들의 에피소드를 살펴보며, '나'의 경험과 생각을 되돌아보고 다짐하는 활동을 할 수 있습니다.

이 책에서는 동서양을 불문하고, 미래 사회에서 요구하는 핵심역량을 갖춘 위인 40명의 경험담을 소개합니다. 그리고 이 위인들의 사례와 비교하여 여러분 스스로의 경험과 생각을 정리해 보며, '스스로 공부하는 힘'을 향상시킬 수 있도록 구성했습니다.

《공부의 힘》으로 미래 인재의 필수 요소인 동기, 인지, 몰입, 자아존중감, 창의성, 감성, 사회성을 높여 보세요!

★ 본 교재는 다산콘텐츠그룹의 《Who?》 시리즈 총 40권과 《E-CLIP(송인섭 저)》 시리즈 총 12권의 내용을 바탕으로 구성하였습니다.

이 책의 구성과 특징

1 만화로 위인을 만나요!

단원 도입

매 단원을 시작할 때마다 만화를 통해 주제와 관련된 인물들의 에피소드를 보고, 공부할 내용에 흥미를 갖게 합니다.

2 위인의 삶을 탐험해요!

인물 이해

위인의 삶을 요약한 글을 읽으며, 공부할 주제와 관련된 인물에 대한 이해도를 높입니다.

확인 학습

각 인물에 관한 내용을 확인하는 문제를 풀면서 위인의 삶과 핵심 개념을 파악합니다.

📝 라이트 형제에 관한 다음 글을 읽고 물음에 답하세요.

1903년, 라이트 형제가 만든 동력 비행기 '플라이어호'가 세계 최초로 사람을 태우고 하늘을 나는 데 성공했습니다. 그저 시골에 사는 평범한 자전거 기술자에 불과했고, 비행기를 연구한 다른 과학자들과는 달리 국가의 도움도 받지 못했던 라이트 형제가 직접 동력 비행기를 설계하고 만드는 놀라운 성과를 거둘 수 있었던 이유는 과연 무엇일까요?

라이트 형제는 어릴 때부터 호기심이 많았습니다. 뭔가 색다른 현상을 보면 왜 그렇게 되는지 꼭 알아내야 직성이 풀리곤 했어요. 그런 호기심이 도전 정신으로 발전했던 것입니다. 만약 이들에게 호기심이 없었다면 하늘을 나는 새의 날갯짓과 비틀린 자전거

1 괄호 안에 들어갈 알맞은 말을 고르세요.

라이트 형제는 세계 최초로 동력 ( )를(을) 만들어 사람을 태우고 하늘을 나는 데 성공하였습니다.

① 모터
② 기차
③ 비행기
④ 자전거
⑤ 우주선

2 라이트 형제가 꿈을 이루는 데 가장 큰 힘이 되었던 것으로 알맞은 것은 무엇인가요?

① 호기심과 동기
② 넉넉한 가정 형편
③ 강인한 체력
④ 많은 사람의 응원과 격려
⑤ 국가의 전폭적인 지원

Ⅱ. '나'와 라이트 형제

STEP 1
개념
이해하기

개념 설명을 읽고,
인물의 심정이나
상황을 상상하고
'나'와 비교해 보면서
핵심 주제와 개념을
이해하는 단계입니다.

STEP 1 동기 이해하기

동기는 어떤 행동을 하거나 방향을 결정하고, 이것을 지속하게 하는 힘을 가리켜요. 라이트 형제는 하늘을 날고 싶다는 동기가 있었기에 결국 비행기를 만들 수 있었어요. 내가 하고 싶은 일이 정해졌고, 막 그 일을 시작하려 한다고 상상해 보세요. 무엇을 하고 싶은 동기가 생겼을 때 내 표정이 어떨지 그려 보세요.

* 표정을 그리기가 어렵다면 말로 설명해 보세요.

STEP 2
개념
재확인하기

인물 맞춤형 사례를
통해 앞에서 학습한
개념을 다시 한번
정리하고 넘어갑니다.

STEP 2 라이트 형제와 동기

괄호 안에 들어갈 알맞은 낱말을 써 보세요.

라이트 형제는 어릴 때부터 연과 장난감 비행기를 가지고 놀기를 좋아했고, 하늘을 나는 것에 관심이 많았어. 그래서 직접 사람이 탈 수 있는 비행기를 만들겠다고 마음먹었지. 결국, 사람을 태우고 하늘을 난 최초의 비행기 '플라이어호'를 만드는 데 성공했어.

→ 라이트 형제처럼 어떤 일에 대한 (ㄷ ㄱ)를 가지고 그 일을 끝까지 지속하고 노력하면 이루고자 하는 목표를 달성하게 될 가능성이 커집니다.

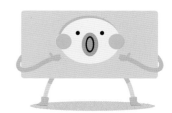

STEP 3
'나'의 역량 기르기

앞서 학습한 내용을 바탕으로 스스로를 점검하고, '나'의 역량을 발견하고 기를 수 있는 방법을 생각해 봅니다.

STEP 3 나만의 동기 찾기

- 동기에는 두 종류가 있어요. 자꾸 관심이 가서 스스로 무언가를 하고 싶게 만드는 동기와 선물이나 칭찬 같은 보상을 받기 위해서 무언가를 하게 만드는 동기예요.

라이트 형제는 비행기에 흥미를 느꼈고, 비행기를 연구하는 일을 재미있어했어.

무언가에 자꾸 관심이 가서 스스로 그 일을 하고 싶어지는 마음이 동기가 되었던 거야.

- 여러분이 라이트 형제처럼 스스로 하고 싶은 마음이 들어서 하게 되었던 일에는 무엇이 있는지 써 보세요.

4 이것만은 꼭 기억해요!

단원 마무리

학습한 인물 및 주제와 관련된 역량을 기르기 위해 필요한 자질을 되새기면서 단원을 마무리합니다.

이것만은 꼭!

라이트 형제를 떠올려 봐. 흥미를 느끼고 관심이 가서 어떤 일을 계속 하고 싶은 느낌, 바로 동기를 찾는 것이 중요해. 네 마음속에 있는 동기를 찾아봐. 그리고 그 동기를 유지하기 위해 지금부터 작은 일부터 실천하도록 해.

《공부의 힘》 자기주도적 활용 방법

시간을 정해서 규칙적으로 학습하기

《공부의 힘》을 학습하는 시간을 스스로 정하세요. 《공부의 힘》을 더욱 즐겁고 유익하게 활용할 수 있습니다.

'EBS 선생님'과 함께 인터넷 강의로 공부하기

위인들의 삶을 담은 애니메이션과 친절한 EBS 선생님의 설명이 담긴 강의를 보며 혼자서도 쉽게 공부할 수 있습니다.

《Who?》 위인 40명의 학습 만화 읽기

《공부의 힘》에 등장하는 《Who?》 위인 40명의 학습 만화를 읽어 보세요. 위인의 삶에 좀 더 가까이 다가갈 수 있습니다.

★《공부의 힘》1~3학년용 1권은 별매입니다.

차 례

1~3
학년용
2

CHAPTER 5

창의성

시대를 앞서간 과학자

니콜라 테슬라

니콜라 테슬라는 현대 과학 문명을 100년이나 앞당겼다고 할 만큼 시대에 앞선 발명품을 많이 남겼습니다. 지금 우리가 사용하는 전기 교류 시스템을 개발한 사람도 바로 테슬라입니다. 다음은 상상력이 풍부했던 테슬라의 어린 시절 이야기입니다.

결국 니콜라는 다섯 살에 날개가
없는 물레방아를 만들어 냈습니다.
그것은 물의 흐름에 따라 일정한
속도로 돌아갔습니다.
니콜라는 틈만 나면 이것저것 새로운
생각을 떠올려 보았습니다.

니콜라 테슬라에 관한 다음 글을 읽고 물음에 답하세요.

'전기의 마술사'라 불리는 니콜라 테슬라는 직류 전기에 의존하던 시대에 교류 전기를 발명하여 세상을 바꾼 뛰어난 과학자입니다. 니콜라 테슬라는 교류 전기뿐만 아니라 무한 에너지, 통신, 전기 자동차 등 다양한 분야를 연구했습니다. 또 화성과의 통신, 순간 이동 등 기상천외한 분야를 연구하기도 했지요.

어린 시절, 니콜라 테슬라는 호기심이 많고 상상력이 풍부했습니다. 틈만 나면 머릿속으로 이것저것 상상하며 즐거워하곤 했어요. 그리고 그런 상상을 실행에 옮기기도 했습니다. 그러다 보니 뜨거운 우유 통 속에 들어가 죽을 뻔한 적도 있고, 공동묘지에서 밤을 지새운 적도 있었습니다. 테슬라의 이러한 모습은 엉뚱하고 위험해 보이기도 했지만 이와 같이 강한 호기심과 상상력은 훗날 테슬라가 수많은 발명품을 만들 수 있도록 하는 원동력이 되었답니다.

이후 오스트리아의 종합 기술 학교에 다니던 테슬라는 어느 날, 직류 전동기에 의문을 품게 되었습니다. 전기의 흐름은 직류와 교류라는 두 종류가 있는데, 당시는 직류 전기만을 사용했습니다. 모두가 직류만 사용하는 것이 당연하다고 생각하던 시대에 테슬라는 교류에 대한 연구를 시작한 것이었죠.

주위에서는 모두 교류 전동기를 만드는 것은 불가능하다고 했지만, 테슬라는 확신을 가지고 끝까지 연구에 몰두했습니다. 그의 연구들이 처음부터 주목받았던 것은 아니에요. 테슬라는 여러 번 실패했지만, 절대 포기하지 않았고, 마침내 교류 전동기와 발전기를 발명하며 교류의 시대를 열었지요. 오늘날 이 교류 시스템은 전 세계의 표준 시스템으로 자리 잡았습니다.

어린 시절 과학자의 꿈을 품은 뒤, 테슬라는 이렇게 계속해서 도전하며 과학 연구의 길을 걸었습니다. 그 결과, 테슬라는 현대 과학의 발전을 100년이나 앞당겼다고 할 만큼 시대에 앞선 발명품을 많이 남기게 되었습니다.

1 괄호 안에 들어갈 알맞은 말을 고르세요.

> 니콜라 테슬라는 창의적인 생각과 끊임없는 실험으로 직류 전기에 의존하던 시대에 교류 전기를 발명하여 세상을 바꾼 뛰어난 (   )입니다.

① 연설가
② 마술사
③ 성직자
④ 교수
⑤ 과학자

2 니콜라 테슬라가 꿈을 이루는 데 가장 큰 힘이 되었던 것으로 알맞은 것은 무엇인가요?

① 실패를 미리 걱정하는 조심성
② 다른 사람에게 감동을 주는 연설 능력
③ 관심 분야에 대한 국가의 전폭적인 지원
④ 호기심과 창의적인 생각
⑤ 실패하면 빠르게 포기하는 마음

3 니콜라 테슬라에 관하여 바르게 말한 친구의 이름을 쓰세요.

> 가영 니콜라 테슬라는 교사 생활을 하며 제자들이 전기에 관심을 갖고 우수한 인재로 성장할 수 있도록 가르치는 일에 일생을 바쳤어.
>
> 준식 니콜라 테슬라는 남들이 당연하다고 생각하는 일에 호기심을 갖고 꾸준히 연구하여 과학 분야에 놀라운 업적을 이루어 냈어.

▶ 정답: 210쪽

Ⅱ. '나'와 니콜라 테슬라

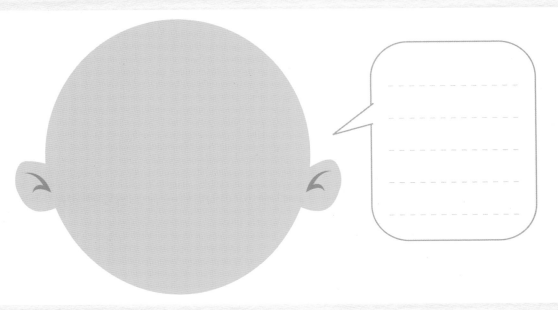

STEP 1 창의성 이해하기

창의성은 새로운 것을 만들어 내며, 문제를 적절하게 해결할 수 있는 힘을 말해요. 우리가 발명한 것이 문제를 해결해 준다면 세상은 더욱더 편리하고 살기 좋아질 거예요. 교류 전기를 발명하여 편리한 세상을 만든 테슬라는 창의력을 발휘할 때 어떤 표정을 지었을까요? 테슬라의 표정을 상상해서 그려 보세요.

★ 표정을 그리기가 어렵다면 말로 설명해 보세요.

STEP 2 니콜라 테슬라와 창의성

괄호 안에 들어갈 알맞은 낱말을 써 보세요.

니콜라 테슬라는 어린 시절 우산을 들고 날아 보겠다며 곳간 지붕에서 뛰어내리는 등 창의적인 생각에 골몰하다 위험한 행동을 하기도 했어. 그래서 어른들께 혼난 적도 많았지. 하지만 이런 창의성은 뒷날 테슬라의 놀라운 발명을 가능하게 하는 힘이 되었어.

➡ 니콜라 테슬라처럼 (ㅊ ㅇ ㅅ)을 발휘하면 세상을 바꾸는 놀라운 발명도 가능하고, 여러 가지 문제의 해결책을 찾게 될 가능성이 커집니다.

STEP 3 창의성 기르기

• 창의성을 기르기 위해서는 주변의 평가, 경쟁, 보상 등 창의성을 방해하는 요소들을 이겨 내야 해요.

 니콜라 테슬라는 무슨 일이든 끈기 있게 해내고 마는 성격이었어. 그래서 테슬라의 아버지가 과학자의 길을 말렸을 때도 포기하지 않고 아버지를 설득시켰지.

또한, 니콜라 테슬라는 그의 창의적인 생각이 실현될 수 없다는 주변 사람들의 평가에도 흔들리지 않고 끊임없이 연구하여 놀라운 발명을 이루어 냈어.

• 여러분이 가진 문제를 해결하기 위한 방법을 자유롭게 떠올릴 때 방해가 된다고 느낀 일이 있다면 적어 보세요.

 **이것만은 꼭!**

니콜라 테슬라를 떠올려 봐. 당시에 니콜라 테슬라의 생각은 큰 사고를 일으킬 수도 있을 만큼 위험해 보여서 많은 사람들이 반대했어. 하지만 니콜라 테슬라는 확신이 있었기 때문에 주변의 반대에도 아랑곳하지 않고 더 열심히 묵묵하게 자신의 연구를 계속했지. 그 결과, 그는 인류를 돕는 교류 전동기를 개발했어. 너도 네 마음속에 있는 호기심을 끌어내 봐. 그 호기심을 지속시키면 멋진 결과물을 만들어 낼 수 있을 거야. 지금 바로 작은 일부터 실천하면서 그 생각에 대한 확신을 갖도록 해.

23강

창의성 ②

인류의 삶을 바꾼 발명왕

토머스 에디슨

 에디슨은 일생 동안 1,000가지가 넘는 발명품과 아이디어를 고안했는데, 그 발명품들은 모두 실생활에 유용한 것들이어서 인류의 삶에 큰 도움을 주었습니다. 다음은 호기심이 가득했던 에디슨의 어린 시절 이야기입니다.

힝. 엄마 때문에 다 망쳐 버렸잖아요.

대체 여기서 뭘 하고 있었던 거니?

세상에! 이게 다 뭐야?

조금만 더 하면 되는데.

알을 부화시키려고 품고 있었던 거니?

네, 따뜻하게 품고 있으면 새끼 거위가 나온다고 하셨잖아요.

그렇긴 하지만 아주 오랫동안 일정한 온도로 품어야 한단다.

얼마나 걸리는데요?

힘들고 어려워도
포기하지 않고 계속하면
뭐든지 이룰 수 있는 거죠?

맞아.
하지만 누구나 가장
잘할 수 있는 일이 있단다.
새끼 거위를 부화시키는 일은
어미 거위가 가장 잘하는
일이란다. 엄마가 우리 앨을
가장 잘 돌보는 것처럼.

엉뚱한 첫 실험은 실패로 돌아갔지만
에디슨은 실망하지 않았습니다.
이 실험을 통해 인내의 중요성을 깨달을 수
있었기 때문입니다.

그렇구나.

한편, 에디슨이 사는 밀란에는
큰 배도 거뜬히 지나다니는 넓은 호수가 있어서
곡식을 실어 나르는 배가 하루에도 수백 대씩
몰려들어 늘 사람들로 북적였습니다.
호기심 많은 에디슨의 눈에는 그 모든 것이
신기하게만 보였습니다.

와!
굉장하다.

저 큰 배가 어떻게
물에 뜰까? 아! 배를
만드는 곳에 가서
물어봐야겠다.

사람들은 지칠 줄 모르고 엉뚱한 질문을 해 대는 에디슨을 보며 머리가 이상한 아이라며 수군거렸습니다.

진드기 같은 녀석! 어린놈이 뭘 그리 꼬치꼬치 캐묻는 게야! 썩 가지 못해!

아저씨들이 상대해 주지 않아 심통이 난 에디슨은 *제재소에 몰래 들어가 널빤지를 들고 나왔습니다.

흥! 나무가 물에 뜨는지 안 뜨는지 내가 직접 해 볼 거야.

* **제재소** 베어 낸 나무로 목재를 만드는 곳

야호! 완성이다! 이제 건너야지.

토머스 에디슨에 관한 다음 글을 읽고 물음에 답하세요.

1847년, 토머스 에디슨은 미국에서 태어났습니다. 유달리 호기심이 많았던 에디슨은 궁금한 것이 생기면 참지 못하고 언제나 질문을 퍼부었어요. 이런 에디슨을 학교 선생님은 감당하지 못했고, 에디슨은 결국 3개월 만에 학교에서 쫓겨났습니다.

하지만 세상을 호기심 가득한 눈으로 바라보던 에디슨은 호기심이 해결될 때까지 계속 질문하고, 연구하고, 실험했지요. 여섯 살 무렵, 에디슨은 직접 거위 알을 품어 새끼를 부화시키고자 하는 생애 첫 실험에 도전합니다. 조금 자란 후엔 집 지하실에서 실험을 했고, 열차에서 신문을 팔던 시절에는 화물칸에 실험실을 차리기도 했지요. 에디슨은 태워서 연기가 안 나는 풀도 있다는 걸 증명하려다 헛간을 태우기도 하고, 하늘을 날게 해 주겠다며 친구에게 가스를 만드는 가루를 먹게 해서 큰일이 날 뻔하기도 했습니다. 이뿐만이 아니라 열차 화물칸에서 실험을 하다가 열차에 불을 낸 일로 뺨을 맞아 한쪽 귀의 청력을 잃기도 했습니다.

이런 위험천만한 시행착오를 거치면서 에디슨은 하나의 발명품이 탄생하기까지는 많은 시간과 노력이 필요하다는 걸 알게 되었고, 실패에 굴하지 않는 실험 정신이 필요하다는 것도 깨닫게 되었습니다.

이후 에디슨은 자신의 호기심과 새로운 생각을 구현하고, 연구에 필요한 재료를 찾기 위해 전 세계를 돌아다니며 수백 가지가 넘는 재료로 같은 실험을 반복했습니다. 그 결과, 에디슨은 백열전구를 비롯해 전기 투표 기록기, 축음기, 영사기 등 일생 동안 1,000가지가 넘는 발명품과 아이디어를 고안했고, 지금까지도 인류의 삶에 큰 도움을 준 위대한 과학자로 기억되고 있습니다.

▶ 정답: 210쪽

1 괄호 안에 들어갈 알맞은 말을 고르세요.

> 토머스 에디슨은 백열전구를 비롯해 인류에 유익한 수많은 발명품을
> 만들어 낸 훌륭한 (   )입니다.

① 의사

② 과학자

③ 조종사

④ 사업가

⑤ 성직자

2 토머스 에디슨이 꿈을 이루는 데 가장 큰 힘이 되었던 것으로 알맞은 것은 무엇인가요?

① 장기간의 체계적인 학교 교육

② 아버지의 자식 교육에 대한 열정

③ 배운 것을 그대로 외워 버릴 정도로 우수한 두뇌

④ 실험을 하지 않고도 결과를 맞히는 추리 능력

⑤ 창의적인 생각과 끊임없는 탐구 정신

3 토머스 에디슨에 관하여 바르게 말한 친구의 이름을 쓰세요.

> 영주   토머스 에디슨은 시행착오를 거치면서 하나의 발명품이 탄생
> 하기까지 많은 시간과 노력이 필요하다는 걸 알게 되었어.
>
> 하나   토머스 에디슨은 궁금증이 없었고 세상의 지식을 당연하게 받아
> 들이며, 그 지식을 생활에 잘 적용하며 행복하게 살았어.

Ⅱ. '나'와 토머스 에디슨

STEP 1

창의성 실현하기

토머스 에디슨은 남다른 호기심으로 세상의 모든 것을 궁금해했고, 그 호기심을 해결하기 위해 직접 실험하고 도전했지요. 여러분도 세상을 창의적으로 바라보며 끈기 있게 탐구한다면 토머스 에디슨처럼 세상을 밝게 빛낼 수 있을 거예요. 호기심 가득한 눈으로 세상을 바라보던 토머스 에디슨이 실험을 하면서 어떤 표정을 지었을지 상상해서 그려 보세요.

★ 표정을 그리기가 어렵다면 말로 설명해 보세요.

STEP 2

토머스 에디슨과 창의성

괄호 안에 들어갈 알맞은 낱말을 써 보세요.

토머스 에디슨은 하루 18시간 이상을 실험과 연구에 매달렸어. 그에게 연구는 일이 아니라 즐거운 몰입의 시간이었지. 결국, 토머스 에디슨의 창의성은 백열전구를 탄생시켰고, 그 덕분에 사람들은 밤을 대낮처럼 환하게 밝힐 수 있게 되었어.

➡ 토머스 에디슨처럼 (ㅊ ㅇ ㅅ)을 키우고 자신의 생각에 몰입한다면, 새로운 시각으로 세상의 문제를 해결할 수 있는 멋진 경험을 하게 될 것입니다.

STEP 3 창의성 기르기

- 자신의 생각과 다르게, 원하는 결과가 나오지 않고 자꾸 실패하게 되면 많은 사람들은 그 생각을 포기하게 되죠. 하지만 창의성을 방해하는 것은 실패가 아니라 바로 '포기'입니다. 창의성을 기르기 위해서는 '실패는 성공의 어머니'라고 생각하며, 실패의 원인을 찾아 계속 해결하려고 노력해야 해요.

토머스 에디슨은 2,000번이 넘는 실패 끝에 백열전구를 발명했지만, 그 어떤 순간도 실패로 여기지 않았어.

만약 토머스 에디슨이 실패에 굴복했다면 인류가 백열전구의 혜택을 누리는 일은 더 늦어졌을 거야.

- 누군가가 "그건 이루어지지 않을 거야. 제대로 되지 않을 거야."라며 여러분의 새로운 생각에 반대한다면, 여러분은 이 말에 어떻게 대답하고 싶은지 적어 보세요.

이것만은 꼭!

토머스 에디슨을 떠올려 봐. 토머스 에디슨은 학창 시절 선생님께 질문을 너무 많이 해서 수업에 방해가 된다는 이유로 학교에서 쫓겨나기까지 했어. 하지만 포기하지 않고 자신의 생각을 끊임없이 연구해서 인류에게 놀라운 발명품을 선물했지. 너도 에디슨처럼 장애물을 만나더라도 포기하지 않고 계속 도전하는 정신을 길러야 해. 실패는 성공으로 가는 과정일 뿐이니까.

창조적인 사업가

스티브 잡스

 학창 시절 말썽만 부리던 소년이었던 스티브 잡스는 컴퓨터에 마음을 빼앗기고부터 창의적이고 열정적인 모습으로 변했고, 훗날 혁신적인 디지털 기기 회사인 '애플'을 설립했습니다. 다음은 스티브 잡스가 말썽꾸러기 소년이었던 시절의 이야기입니다.

와, 이걸 모두
제 마음대로 써도 돼요?
신난다!

이렇게 돌리면
나사를 풀 수 있어.
어때, 쉽지?

네!

모두 말썽꾸러기라고 손가락질했지만
스티브는 자신의 호기심을 풀
대상이 없었던 것뿐이야.
이제 이 작업실에서 네 꿈을 펼치렴.

스티브는 여러 가지 물건 중에
특히 전자 제품에 큰 관심을
보였습니다. 매일 전자 기기를
분해하고 조립하면서
점점 아버지의 창고에서
보내는 시간이 길어졌습니다.

스티브!
너, 또…….

스티브 잡스에 관한 다음 글을 읽고 물음에 답하세요.

1955년, 스티브 잡스는 미국에서 태어났습니다. 어린 시절 스티브 잡스는 학교생활에 적응하지 못하고 말썽만 부리는 소년이었지만, 뒤늦게 공부에 재미를 붙이고 컴퓨터에 마음을 빼앗겼지요. 그때부터 그는 창의적이고 열정적인 모습으로 변하게 되었답니다.

1970년대 말, 당시엔 컴퓨터가 일반 가정에 필요하다고 생각하지 못했기 때문에 개인용 컴퓨터 판매를 생각한 사람은 많지 않았습니다. 그러나 스티브 잡스의 생각은 조금 달랐습니다. 누구나 손쉽게 이용할 수 있는 컴퓨터를 만든다면 당장이라도 가정에 팔 수 있다고 생각했어요. 그래서 스티브 잡스는 애플이라는 회사를 세웠고 손쉽게 사용할 수 있는 애플 Ⅱ를 개발했습니다. 스티브 잡스의 생각대로 애플 Ⅱ는 많은 가정의 환영을 받으며 팔렸고, 개인용 컴퓨터 시장의 선두주자가 되었지요. 이렇게 스티브 잡스가 놀라운 성공을 이룰 수 있었던 비결은 바로 혁신적이고 창의적인 생각과 그에 따른 실행력이었습니다.

사실 성공한 사업가들 가운데 스티브 잡스처럼 많은 실패를 경험한 사람도 드뭅니다. 스티브 잡스는 자신이 제안했던 여러 상품이 시장의 호응을 얻지 못해 계속 실패했고, 그 일로 자신이 세운 회사에서 쫓겨나는 시련을 겪기도 했습니다. 그리고 나서 다시 설립한 회사마저 망하자 경제적인 어려움을 겪기도 했지요.

하지만 스티브 잡스는 실패를 통해 계속 배우고 성장했습니다. 실패했다고 바로 포기하지 않고, 그 실패를 본보기로 삼아 지속적으로 개선하고 개발하면서 사람들이 원하는 상품을 만들어 내는 데 결국 성공하게 되었죠. 그 덕분에 오늘날 많은 사람들이 컴퓨터를 보다 쉽고 편리하게 사용할 수 있게 된 것입니다.

1 괄호 안에 들어갈 알맞은 말을 고르세요.

> 스티브 잡스는 창의적인 생각으로 개인용 컴퓨터 시장에 혁신적인 변화
> 를 일으킨 훌륭한 (   )입니다.

① 교수
② 사업가
③ 과학자
④ 정치인
⑤ 군인

2 스티브 잡스가 꿈을 이루는 데 가장 큰 힘이 되었던 것으로 알맞은 것은 무엇인가요?

① 혁신적이고 창의적인 생각과 그에 따른 실행력
② 친절하고 예의 바른 말투
③ 실패를 재빠르게 판단하고 포기하는 속도
④ 단 한 번의 실패 없이 계속 이어진 사업적 성공
⑤ 학교의 적극적인 지원과 투자

3 스티브 잡스에 관하여 바르게 말한 친구의 이름을 쓰세요.

> 심윤 스티브 잡스는 사람들과의 관계를 매우 중시하고 공감하는 것을
> 강조했어. 그래서 스티브 잡스가 어려움에 처했을 때 모든 사람
> 들이 나서서 다시 일어설 수 있도록 도와줬지.
>
> 정희 스티브 잡스는 실패와 시련에 굴하지 않고 창의적인 생각을 실현
> 했지. 그 결과, 사람들에게 필요한 개인용 컴퓨터를 만들었어.

▶ 정답: 210쪽

Ⅱ. '나'와 스티브 잡스

창의성 발휘하기

스티브 잡스는 창의성을 발휘하여 혁신적인 제품을 개발했습니다. 하지만 스티브 잡스가 편리를 추구하는 창의적인 철학이 담긴 디자인을 주장했을 때, 당시 수많은 사람과 동료들이 비난하고 지적했지요. 많은 반대에 부딪혔을 때 스티브 잡스는 어떤 표정을 지었을까요? 스티브 잡스의 표정을 상상해서 그려 보세요.

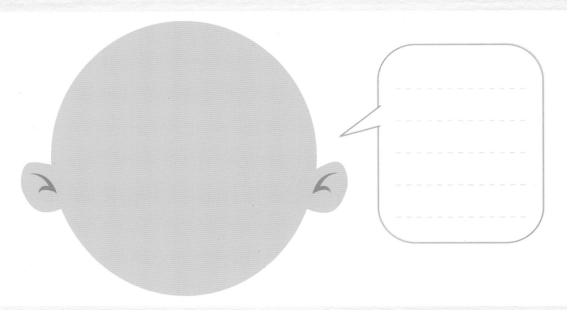

★ 표정을 그리기가 어렵다면 말로 설명해 보세요.

스티브 잡스와 창의성

괄호 안에 들어갈 알맞은 낱말을 써 보세요.

스티브 잡스는 남과는 다른 자신만의 철학과 생각을 고수하며 아이폰, 아이패드 등과 같이 혁신적인 기능과 창의적인 디자인이 절묘하게 조화된 제품들을 탄생시켰고, 결국 많은 사람들의 박수를 받았어.

→ 스티브 잡스는 남과 다른 새로운 생각을 떠올리고 실현하는 능력인 (ㅊ ㅇ ㅅ)이 뛰어났고, 결국 세상을 놀라게 하는 혁신적인 상품을 만들어 냈어요.

STEP 3 창의성 유지하기

• 창의성을 유지하고 실천하는 일은 어려울 수 있어요. 창의성은 새롭고 발전적일 수 있지만, 기존의 생각과 다를 수도 있기 때문에 사람들이 낯설어 하거나 반대하기도 하지요.

스티브 잡스는 혁신적인 생각으로 개인용 컴퓨터 시대를 열었고, 스마트폰 시장을 바꾸어 놓았어.

주변의 반대와 우려에도 포기하지 않고 자신의 생각을 고수하고 추진했던 단단한 마음이 바로 스티브 잡스의 성공을 이끌었지.

• 여러분의 창의적인 생각을 방해하는 것들에는 무엇이 있는지 떠올려 보고, 그것을 어떻게 극복해야 창의적인 생각을 유지할 수 있을지 적어 보세요.

스티브 잡스를 떠올려 봐. 스티브 잡스는 창의적인 생각을 수없이 떠올리고 실행했지만, 심한 반대와 수많은 실패를 겪어야 했어. 하지만 스티브 잡스는 자신의 생각을 계속 유지하기 위해 끊임없이 노력했고, 결국엔 그런 그의 창의적인 생각이 세상을 바꾸었지. 생각만 해도 멋지지 않아? 너도 네 안에 숨어 있는 창의적인 생각을 찾아서 실현시켜 봐.

Think Different

25강

창의성 ④

현대 미술의 거장

파블로 피카소

 20세기 천재 화가 피카소는 타고난 재능에 끊임없는 노력을 더해 오늘날 현대 미술의 거장이 되었습니다. 다음은 창의력이 남달랐던 피카소의 학창 시절 일화입니다.

바르셀로나에 있는 미술 학교에 다니던 피카소는 학교의 틀에 박힌 교육에 싫증을 느끼게 됩니다.

나는 뭔가 새로운 방식으로 그리고 싶은데…….

학교는 별로지만 활기 넘치는 바르셀로나의 분위기는 마음에 드네.

매일 석고상을 그대로 본떠서 그리는 게 너무 지루해요.

하긴……. 파블로도 이제 자기만의 그림을 그려 볼 때도 되었지요.

게다가 목탄으로 나뭇잎이나 고전 건물을 사실대로 그리는 소묘 실습은 정말이지 숨이 막혀요!

흄, 집안 사정이 넉넉하지는 않지만 너에게 작업실을 만들어 주마.

작업실이요?

그거 정말 좋은 생각이네요. 파블로가 마음 편하게 그림에만 집중할 수 있을 테니까요.

아버지는 피카소의 장래를 위해 작업실을 만들어 주었습니다. 그러나 피카소는 여전히 자신의 그림에 대한 아버지의 간섭이 마음에 들지 않았습니다.

흄, 소녀가 신부님께 *영성체를 받는 장면이 잘 묘사되었구나. 신성한 분위기를 느끼게 해 주는 훌륭한 종교화가 되겠는걸?

* **영성체** 가톨릭의 예식

하지만 저는 이런 그림 별로예요.

뭐? 그게 무슨 말이냐?

그러나 피카소의 생각은 큰 착각이었습니다.
미술 수업 방식은 어디를 가나 똑같았습니다.

아, 어쩌면 이렇게
아버지의 수업 방식과
똑같은 걸까?

라 론하도,
에스파냐 최고라는 이곳도,
모두 한결같아.

파블로, 이런 지루한
수업을 듣느니 차라리
거리를 쏘다니는 게
낫지 않겠어?

좋아!

피카소는 친구와 함께
학교 수업을 빠지고
마드리드 거리를
돌아다녔습니다.

학교 수업만이
전부는 아니잖아.

I. 죠록죠록 인물 탐험

📝 **파블로 피카소에 관한 다음 글을 읽고 물음에 답하세요.**

천재 화가의 대명사 파블로 피카소는 1881년 에스파냐에서 태어났습니다. 파블로 피카소는 어려서부터 그 재능이 남달랐습니다. 하지만 피카소가 금세기 최고의 화가로 성공할 수 있었던 건 단지 재능 덕분만은 아니었지요. 피카소는 항상 새로운 것을 추구하는 강한 의지를 가지고 있었고, 예술가로서 할 수 있는 모든 가능성에 도전하는 열정이 있었습니다. 실제로 그는 회화, 도자기, 동판화 등 5만여 점이나 되는 작품을 남긴 열정 넘치는 화가였습니다.

피카소는 늘 새로운 작품을 위해 고민했습니다. 그는 기존 그림 방식에 얽매이지 않는 자유로운 표현 방식을 찾으려 애썼고, 자기만의 새로운 방식을 찾기 위해 밤낮없이 그림에 몰두했지요. 그러던 중 마침내 1907년에 〈아비뇽의 여인들〉을 처음으로 세상에 공개했는데, 그 표현 방식이 워낙 낯설어 당시에 많은 사람들의 혹평을 받았습니다. 하지만 얼마 지나지 않아 〈아비뇽의 여인들〉은 입체주의의 선구적인 작품으로 인정받게 되었습니다. 창의적인 다양한 시도를 통해 결국 예술적인 성공을 거둔 것이었죠.

최고의 자리에 오른 뒤에도 피카소는 92세의 나이로 세상을 떠나기 직전까지 붓을 놓지 않았을 정도로 작품 활동을 활발하게 했습니다. 이렇게 피카소는 타고난 재능에 항상 새로운 것을 추구하는 도전 정신과 굳은 신념, 끊임없는 노력을 더해 현대 미술의 거장으로 남게 되었습니다.

1 **괄호 안에 들어갈 알맞은 말을 고르세요.**

> 현대 미술의 거장이었던 파블로 피카소는 새로운 작품을 위해 끊임없이
> 고민하며 자유로운 표현 방식을 찾으려고 애썼던 훌륭한 (   )입니다.

① 목사

② 군인

③ 교사

④ 화가

⑤ 음악가

2 **파블로 피카소가 꿈을 이루는 데 가장 큰 힘이 되었던 것으로 알맞은 것은 무엇인가요?**

① 전통적인 표현 방식의 고수

② 경제적으로 풍요한 가정환경

③ 새로운 것을 추구하는 강한 의지

④ 엄청난 양의 독서

⑤ 사회 문제를 적극적으로 해결하려는 의지

3 **파블로 피카소에 관하여 바르게 말한 친구의 이름을 쓰세요.**

> 허찬 파블로 피카소는 그림을 통해 신분제도를 폐지할 것을 주장했고,
> 결국 신분제도를 없애 버렸어.
>
> 수호 파블로 피카소는 타고난 재능에 항상 새로운 것을 추구하는 도전
> 정신, 굳은 신념과 끊임없는 노력을 더해 현대 미술의 거장으로
> 남게 되었지.

▶ 정답: 210쪽

Ⅱ. '나'와 파블로 피카소

창의성 발휘하기

여러분의 생각이 지나치게 새롭다면 주변으로부터 따가운 시선이나 차가운 평가를 받을 수도 있어요. 그렇더라도 자신의 생각을 믿고 끈기 있게 창의성을 발휘해 보세요. 자신만의 새로운 생각을 떠올렸을 때 여러분의 기분을 상상해 보고, 그때 자신의 표정이 어떨지 그려 보세요.

★ 표정을 그리기가 어렵다면 말로 설명해 보세요.

파블로 피카소와 창의성

괄호 안에 들어갈 알맞은 낱말을 써 보세요.

파블로 피카소의 대표작인 〈아비뇽의 여인들〉이라는 작품은 기존의 표현 방식과는 너무 달라서 많은 사람들이 낯설어 하며 혹평을 하기도 했지. 하지만 피카소는 자신의 작품에 대한 확신을 가지고 자유롭게 표현하고 연구하는 활동을 계속했고, 훗날 '입체주의'라는 미술계의 새 분야를 개척하게 되었어.

➡ 파블로 피카소는 (ㅊ ㅇ ㅅ)이 뛰어난 위인입니다. 기존의 표현 방식만을 따르지 않고 자신만의 창의적인 다양한 시도를 통해 결국 예술적인 성공을 거두었습니다.

STEP 3 창의성 기르기

- 창의성을 기르기 위해서는 관심 분야뿐만 아니라 잘하는 분야에도 끊임없는 호기심을 갖고 꾸준한 노력을 기울여야 합니다.

> 피카소는 그림에 재능이 있었는데도 늘 다른 그림에 관심을 기울이며 미술관을 찾아다녔어. 미술관에 전시된 그림을 그대로 따라 그리거나, 그 그림에서 본받을 점을 찾아서 자기 그림에 응용했지.

> 훗날 이런 경험을 바탕으로 창의력을 발휘하여 자신만의 그림을 그려 냈어.

- 여러분이 관심 있는 분야, 잘하는 분야에서 창의성을 발휘하려면 어떤 노력을 더 해야 할지 생각해 보세요.

이것만은 꼭!

파블로 피카소를 떠올려 봐. 파블로 피카소는 그림에 놀라운 재능이 있었고, 화가로서 엄청난 명성을 얻었음에도 불구하고, 늘 새로운 것을 창조하고자 노력했어. 그래서 오늘날까지도 많은 사람들에게 감동을 주는 작품을 탄생시켰지. 창의성, 즉 새로운 생각은 갑자기 떠오르는 것이 아니야. 창의적인 생각을 끌어내기 위해선 꾸준한 관심과 노력이 필요해.

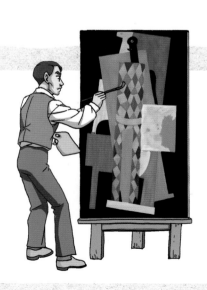

인류 역사상 가장 위대한 천재

레오나르도 다빈치

<모나리자>를 그린 레오나르도 다빈치는 당시 거장의 반열에 오른 화가였음에도 수없이 많은 연습을 통해 인간의 영혼까지 그려 내었습니다. 다음은 그림에 천부적인 재능을 보였던 다빈치의 어린 시절 일화입니다.

레오나르도 다빈치는 자연 속에서 세상을 배워 나갔습니다.

풀 모양이 참 신기하게 생겼네?

그러고 보니 우리 집에 있는 도자기에도 이런 문양이 있었는데.

그림으로 그려 둬야겠다.

그건 '빈치'라는 골풀이야. 우리 가문의 성인 다빈치도 그 풀 이름에서 유래되었단다.

아하!

빈치라는 지명과 성의 유래가 된 이 골풀 모양은 훗날 레오나르도 다빈치의 *문장이 되었습니다.

네게 공부를 가르쳐 주실 선생님이다! 인사드려라.

* 문장 국가나 단체 또는 집안 따위를 나타내기 위하여 사용하는 상징적인 그림이나 문자

네가 레오나르도구나. 그림 그리기를 좋아한다지?

안녕하세요?

그래, 앞으로 잘해 보자.

레오나르도 다빈치는 가정 교사로부터 문학과 음악, 미술 등 여러 가지를 배웠습니다.

지혜와 전쟁의 여신인 아테나는 페르세우스가 가져온 메두사의 머리를 방패에 부착했어.

메두사는 머리카락이 온통 뱀으로 되어 있는 괴물인데…….

그러던 어느 날 마을의 소작농 한 사람이 레오나르도 다빈치의 집을 찾아왔습니다.

안녕하셨어요?

아저씨!

오랜만에 뵙네요.

바쁘다 보니 못 찾아뵈었네요.

실은 부탁할 것이 있어 찾아왔습니다.

무슨 부탁인데요?

아는 사람한테
방패를 선물 받았는데,
아무 문양이 없어
허전해서요.

그렇군요.

제가 한번 알아보겠습니다.

역시! 오길
잘했네요.
그럼 잘
부탁합니다.

야호!
수업 끝났다.

아버지는 마을 주민이 부탁한 방패의 그림을
레오나르도 다빈치에게 맡겼습니다.

레오나르도,
이 방패에 그림을
그릴 수 있겠니?

정말 제가
그림을
그려도 돼요?

실력도 가늠해 볼 겸
우리 집 화가인
레오나르도에게
맡겨 보는 건
어때?

지혜와 전쟁의
여신인 아테나는
페르세우스가 가져온
메두사의 머리를
방패에 부착했어.

그래, 바로 그거야!
삼촌, 뱀 좀 잡아 주세요!
될 수 있으면 많이요.

뱀은
뭐 하려고?

방패에 메두사를
그릴 거예요.

멋진걸?
그래, 알았다.

자, 뱀 여기 있다.
어디 마음껏
그려 보거라.

고마워요,
삼촌!

레오나르도 다빈치는 실감 나는 메두사를
그리기 위해 뱀을 유심히 관찰했습니다.

여러 마리의 뱀이
한곳에 엉켜 있을 땐
이런 모양을 하고
있었어.

평소에는 천천히
움직이다 공격할 땐
순식간에
다가가는구나.

좋아!
이제 메두사의
머리를
그릴 수 있겠어.

저렇게 신이 나서
몰두하는 모습은
처음 봐요.

그러게 말이다.

레오나르도 다빈치가 그린 메두사는 마치 살아 있는 듯했습니다. 방에 들어서다 그림을 본 아버지는 깜짝 놀라 넘어지고 말았습니다.

레오나르도 다빈치에 관한 다음 글을 읽고 물음에 답하세요.

1452년, 레오나르도 다빈치는 이탈리아에서 태어났습니다. 다양한 분야에 관심이 많았던 레오나르도 다빈치는 어렸을 때부터 궁금한 것이 있으면 그것을 완전히 이해할 때까지 관찰과 탐구를 멈추지 않았습니다. 그림을 그릴 때도 반드시 먼저 관찰하고 분석한 뒤에 그리기 시작했지요. 레오나르도 다빈치가 어렸을 때 낯선 동굴을 발견했던 일화에서도 그런 모습을 엿볼 수 있습니다. 매우 어둡고 큰 동굴이라 입구에서 보면 안에 사나운 맹수가 살고 있을 것만 같아서 선뜻 발걸음이 내디뎌지지 않는 곳이었죠. 하지만 레오나르도 다빈치는 동굴 안이 궁금해서 견딜 수가 없었고, 두려운 마음과 떨림, 호기심을 안고 결국 동굴을 탐험하고 맙니다. 그렇게 호기심의 대상을 관찰하고 탐구하는 데서 그치지 않고, 그 뒤에 관찰했던 것들을 그림으로 남기거나 글로 꼼꼼하게 기록해 두었지요.

〈모나리자〉. 레오나르도 다빈치의 대표 작품입니다.

이뿐만 아니라 레오나르도 다빈치는 시대를 초월하는 탁월한 상상력의 소유자이기도 했습니다. 지금도 전해지는 그의 노트에는 그 상상을 바탕으로 한 많은 메모와 그림이 남아 있습니다. 이런 메모를 토대로 그는 누구도 실제로 만들지 못한 복잡한 기계들을 발명하기도 했는데요. 동물이나 사람의 힘으로 물건을 움직이는 것밖에 모르던 시절에 증기의 힘을 이용해 기계를 움직이는 방법을 생각해 내기도 했습니다.

이렇게 레오나르도 다빈치는 천재라는 수식어로도 부족한 다재다능한 인물이었지요. 그는 누구보다도 그림을 잘 그리는 천재적인 미술가이자, 과학자이자, 기술자이자 사상가이기도 했습니다. 레오나르도 다빈치는 〈최후의 만찬〉, 〈모나리자〉 등과 같은 훌륭한 미술 작품을 남겼으며, 건축학과 해부학에서도 명성을 떨쳤습니다.

1 괄호 안에 들어갈 알맞은 말을 고르세요.

> 레오나르도 다빈치는 〈최후의 만찬〉, 〈모나리자〉 등과 같은 훌륭한 작품을 남긴 천재적인 (   )이자, 과학자이자, 기술자이자 사상가이기도 했습니다.

① 작가
② 미술가
③ 음악가
④ 의사
⑤ 교수

2 레오나르도 다빈치가 꿈을 이루는 데 가장 큰 힘이 되었던 것으로 알맞은 것은 무엇인가요?

① 화가였던 아버지의 교육
② 경제적으로 풍족한 가정환경
③ 끝없는 호기심과 탁월한 상상력
④ 평생 그리기 활동에만 몰입한 집중력
⑤ 사회적 약자에 대한 관심과 희생정신

3 레오나르도 다빈치에 관하여 바르게 말한 친구의 이름을 쓰세요.

> **주영** 레오나르도 다빈치는 신체적 장애를 극복했고, 고통받는 사람들을 위해 평생 그림을 그렸어.
>
> **혜진** 레오나르도 다빈치는 궁금한 것이 있으면 그것을 완전히 이해할 때까지 관찰과 탐구를 멈추지 않았어. 그 결과, 그는 누구도 실제로 만들지 못한 복잡한 기계들을 발명해 내기도 했어.

▶ 정답: 210쪽

Ⅱ. '나'와 레오나르도 다빈치

창의성 발휘하기

창의성이 뛰어났던 레오나르도 다빈치는 그 당시에 없던 것들을 스스로 상상하고 설계하기도 했지요. 새로운 것을 떠올릴 때 레오나르도 다빈치는 어떤 표정을 지었을까요? 다빈치의 표정을 상상해서 그려 보세요.

★ 표정을 그리기가 어렵다면 말로 설명해 보세요.

레오나르도 다빈치와 창의성

괄호 안에 들어갈 알맞은 낱말을 써 보세요.

레오나르도 다빈치의 성공 요소에는 풍부한 상상력과 창의성, 꼼꼼한 메모 습관이 있었어. 그는 시대를 초월하는 탁월한 상상력과 아이디어의 소유자였는데, 새로운 생각이 떠오르면 늘 노트에 메모를 했지. 그가 남긴 노트에는 상상을 바탕으로 한 많은 메모와 그림이 있는데, 지금도 놀라울 정도로 정교하고 훌륭한 내용으로 가득 차 있어.

➜ 레오나르도 다빈치는 (ㅊ ㅇ ㅅ)이 뛰어난 위인입니다. 창의적인 생각이 떠오르면 메모를 해서 기억해 두었고, 창의적인 생각을 구체화하기 위해 다양한 시도를 했습니다.

STEP 3 창의성 기르기

- 새롭고 기발한 생각은 즉흥적으로 떠오를 수도 있지만, 뛰어난 창의성은 어느 한순간에 생기는 것이 아니에요. 창의성을 기르기 위해서는 끊임없이 생각하고 연구하려는 노력이 필요해요.

레오나르도 다빈치는 보다 나은 그림의 재료를 얻기 위해 끊임없이 재료를 실험하면서 항상 새로운 표현 기법을 연구했어.

이렇게 만든 작품들은 오늘날까지도 많은 사람들에게 감동을 주는 명작이 되었지.

- 레오나르도 다빈치는 그림 재료에 늘 관심을 가졌지요. 여러분이 늘 관심을 가지고 있는 것은 무엇인지 곰곰이 생각해 보세요.

레오나르도 다빈치를 떠올려 봐. 레오나르도 다빈치는 예술에서부터 의학과 천문학에 이르기까지 많은 업적을 남긴 타고난 천재였어. 하지만 레오나르도 다빈치의 천재성과 창의성이 빛을 발한 까닭은 끊임없이 상상하고, 그것을 기록하려는 노력이 있었기 때문이야. 너도 새롭게 알게 되었거나 떠오르는 것이 있다면 글이나 그림으로 기록해 보는 습관을 가져 봐. 그 기록들은 훗날 너의 성장에 굉장한 보탬이 될 거야.

CHAPTER **5** 창의성

상대성 이론을 창시한 과학자

알베르트 아인슈타인

창의성 ⑥

 학창 시절 아인슈타인은 암기보다는 원리를 이해하는 방식의 공부를 좋아했습니다. 그래서 자신이 좋아하는 수학과 과학 과목을 깊이 파고들었고, 그 결과 상대성 이론을 탄생시켜 인류의 발전에 기여하게 됩니다. 다음은 세상을 창의적으로 바라보며 궁금한 것을 끊임없이 탐구했던 아인슈타인의 어린 시절 이야기입니다.

이때부터 아인슈타인은 보이지 않는 힘에 대해 궁금해하기 시작했습니다. 아인슈타인에게 나침반은 인생의 중요한 전환점이 되었습니다.

삼촌, 나침반의 바늘은 왜 항상 북쪽을 가리켜요? 너무 궁금해요.

지구의 자력선이 나침반의 자석을 잡아당기고 있기 때문이야.

자력선이 뭔데요?

자석의 극과 극 사이에 작용하는 힘을 자력선이라고 해. 지구는 커다란 자석과 같아서 그런 힘이 존재하지.

눈에 보이지도 않는데 자력선이 있다는 건 어떻게 알아요?

어이구! 누가 전기 공장 사장 아들 아니랄까 봐 궁금한 게 많기도 하구나.

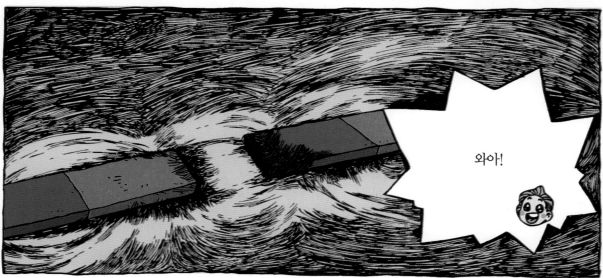

그 후 진학 준비를 하던 무렵, 아인슈타인은 자신의 운명을 결정짓게 될 빛에 대해 관심을 갖기 시작했습니다.

어?

뭘 만졌기에 전기가 나간 거야?

모르겠어요. 실수로 선 하나를 건드린 것 같은데……

비켜 봐!

와아! 순식간에 주위가 환해졌어요. 정말 신기하네요.

✏️ **알베르트 아인슈타인에 관한 다음 글을 읽고 물음에 답하세요.**

알베르트 아인슈타인은 1879년 독일 남부 울름에서 태어났습니다. 어릴 때 아인슈타인의 부모님은 그가 유달리 머리가 큰 데다 말을 거의 하지 않아 장애가 있는 것은 아닐까 걱정하기도 했습니다. 하지만 여동생 마리아가 태어날 때쯤 아인슈타인의 말문은 트였고, 그제야 부모님은 걱정을 덜 수 있었습니다.

어린 시절 아인슈타인은 학교 성적이 좋지 못했습니다. 특히 암기 과목은 아인슈타인의 흥미를 전혀 끌지 못했지요. 아인슈타인은 지식을 외우는 것보다 창의적으로 생각하고 토론하는 것을 좋아했습니다. 그는 좋아하는 일이나 놀이를 할 때면 옆에서 꽃병이 떨어져도 모를 정도로 집중력이 굉장한 아이였습니다.

아인슈타인은 열여섯 살 무렵부터 '사고 실험'을 했습니다. 사고 실험이란 실제 실험실에서 할 수 없는 실험을 상상 속에서 해 보는 것인데, 그는 불가능한 실험들을 창의적으로 생각하면서 일반 상대성 이론을 만들어 내기도 했어요. 이 때문에 사람들은 아인슈타인을 능력이 뛰어난 천재 과학자로 부르게 되었습니다.

아인슈타인은 상대성 이론을 바탕으로 일생 동안 우주의 비밀을 찾는 일에 매달렸습니다. 그리고 진리를 추구하고 평화를 사랑하는 순수한 과학적 열정으로 인류를 위해 수많은 논문을 발표했으며, 과학자로서 양심을 저버리지 않는 평화주의자의 면모를 보여 주기도 했습니다.

1 괄호 안에 들어갈 알맞은 말을 고르세요.

> 아인슈타인은 학교 성적이 좋지 못했으나 사고 실험을 통해 창의적인
> 생각을 완성했고, 일생 동안 우주의 비밀을 찾기 위해 애쓴 훌륭한
> (   )입니다.

① 선생님
② 과학자
③ 미술가
④ 발레리노
⑤ 피아니스트

2 알베르트 아인슈타인이 꿈을 이루는 데 가장 큰 힘이 되었던 것으로 알맞은 것은
무엇인가요?

① 어린 시절의 건강
② 수많은 실제 실험
③ 지식의 암기
④ 창의적으로 생각하는 사고 실험
⑤ 좋아하는 놀이

3 알베르트 아인슈타인에 관하여 바르게 말한 친구의 이름을 쓰세요.

> 예린 아인슈타인은 외우는 것을 좋아했고, 어린 시절부터 암기 과목
> 성적이 뛰어났지. 그래서 그는 결국 자기가 원하는 꿈을 이루었어.
>
> 지유 창의적으로 생각하고 토론하는 것을 좋아했던 아인슈타인은
> 일반 상대성 이론을 만들었고, 우주에 대한 연구를 쉬지 않았어.

▶ 정답: 211쪽

Ⅱ. '나'와 알베르트 아인슈타인

창의적으로 생각하기

아인슈타인은 주변의 의심 가득한 눈초리에도 아랑곳하지 않고 새로운 생각을 포기하지 않았어요. 힘들고 어려운 문제를 풀다가 갑자기 창의적인 생각이 떠올랐을 때 아인슈타인의 표정을 상상해서 그려 보세요. 또는 어떤 말을 했을지 써 보세요.

★ 표정을 그리기가 어렵다면 말로 설명해 보세요.

알베르트 아인슈타인과 창의성

괄호 안에 들어갈 알맞은 낱말을 써 보세요.

아인슈타인은 실제 실험을 할 수 없을 땐 궁금증을 해소하기 위해 사고 실험을 했어. 우리가 알고 있는 아인슈타인의 일반 상대성 이론 역시 사고 실험을 통해 탄생했지.

➡ 아인슈타인은 (ㅊ ㅇ)적인 생각으로 실험하기 어려운 것들을 해결했고, 일생 동안 우주의 비밀을 찾기 위해 노력했습니다.

STEP 3 창의성 기르기

• 창의적으로 생각하기 위해서는 항상 하던 일도 새롭게 생각해 보아야 해요. 이 일을 왜 하는지, 어떻게 하는 것이 더 좋은지 생각하다 보면 창의적인 생각이 떠오르게 되지요.

 아인슈타인은 우주에 대해서 항상 궁금해하며 많은 생각을 했어.

아인슈타인은 다수의 생각을 그대로 따르지 않았지. 그는 자신만의 생각에 확신을 가지고 그것을 증명하려고 항상 노력했어.

• 여러분의 창의적인 생각을 떠오르는 대로 적어 보세요.

이것만은 꼭!

아인슈타인을 떠올려 봐. 아인슈타인은 다른 과학자들의 연구를 무조건 믿지는 않았어. 자기 자신이 옳다고 생각하는 것만 믿었지. 궁금하거나 확신이 들지 않는 일은 계속 생각하며 창의적으로 해결했어. 우주에 관해서 수많은 이론을 발표할 수 있었던 것도 바로 그의 이런 습관 때문이 아닐까? 너도 관심 있는 문제에 대해 꾸준히 생각하고 해결 방법을 찾다 보면 창의력을 기를 수 있을 거야.

28강

창의성 ⑦

사람의 마음을 헤아리는 건축가

안토니 가우디

 안토니 가우디는 20세기 최고의 건축가로서 사그라다 파밀리아, 카사 밀라, 구엘 공원과 같은 세기의 건축물들을 설계했습니다. 지금도 가우디가 남긴 건축물들을 보기 위해 세계 각국의 수많은 관광객들이 에스파냐 바르셀로나를 찾고 있습니다. 다음은 남다른 관점으로 사물을 바라보았던 가우디의 어린 시절 이야기입니다.

어린 시절 가우디는 몸이 아파 혼자서 보내는 시간이 많았습니다. 그러면서 이것저것 유심히 보는 습관이 생겼습니다.

어! 닭의 날개가 달릴 때와 가만히 있을 때가 다르네!

가우디는 마을 주변의 동식물, 바위, 산 등을 관찰했습니다. 일찍부터 아름답고 변화무쌍한 대자연의 세계에 눈을 뜨게 된 것입니다.

뱀은 몸이 커지면 입던 옷을 벗어 버리고
새 옷으로 갈아입잖아요. 그래서 늘 화려한 무늬가 있는
멋진 옷을 입고 있어요.

아이들은 뱀을 보면
소스라치게 놀라는데,
안토니는 생각하는 게
다른 아이들과
많이 다르구나.

엄마, 사람뿐 아니라
동물들에게도 집이
필요한 거죠?

그건 또
무슨 말이니?

개미가 땅속에 굴을 파고 집을 만드는 걸 봤어요.
거미가 풀잎 사이로 거미줄을 치는 것도
보았고요. 그리고 새가 나뭇가지 위에
둥우리를 만드는 것도 봤어요.

아직 어린데도 정말 대단한
관찰력이구나!

이후 학교에 입학한 가우디는
관절염이 심해 걷기가 힘들었습니다.
아버지는 가우디를 나귀 등에 태워
학교까지 데려다주곤 했습니다.

아빠, 눈에 보이는 풍경이
걸어 다닐 때와는 다르게 보여요.

하하, 나귀의 등이
높으니 저멀리에 있는
나무도 산도 색다르게
보이는 모양이구나.

네.
들판을 가로질러
흐르는 강물도 훨씬
잘 보여요.

하늘에 둥실 떠다니는
구름도 손에 잡힐 듯
가까워 보여요.

모두 안녕?

우아! 저렇게 높은 산꼭대기에
성당이 있어요?

너도 이다음에
꼭 한번 가 보아라.

그런데 몬세라트산의
저 수많은 바위들의 이름은
뭐예요? 저기 저 박쥐처럼 생긴
바위는 제가 박쥐 바위라고
이름을 붙였어요.

오호! 네 말을 듣고 보니
정말 박쥐처럼 생겼구나.
박쥐는 카탈루냐를 지키는
파수꾼이자 수호신이기도
하단다.

안토니 가우디는 종종 강가에서 모래성을 쌓으며 놀았습니다.
모래로 성을 쌓는 것이 쉬운 일은 아니었습니다. 가우디는
여러 번 모래성이 무너지고 나서야 적절한 물의 양을 알아낼
수 있었습니다. 저녁 무렵이면 강가에 산봉우리를 닮은
모래성들이 줄지어 세워졌습니다.

안토니 가우디에 관한 다음 글을 읽고 물음에 답하세요.

안토니 가우디는 1852년 에스파냐 카탈루냐에서 태어났습니다. 어린 시절 가우디는 몸이 아파 혼자서 시간을 보낼 때가 많았습니다. 그렇다 보니 이것저것 유심히 보는 습관이 생겼고, 아름답고 변화무쌍한 대자연의 세계에 눈을 뜨게 되었습니다.

학창 시절 가우디는 워낙 독창적인 건축 세계관을 지닌 탓에 제대로 인정을 받지 못했습니다. 하지만 그는 독창적인 생각을 멈추지 않았고, 성장을 거듭해서 건축학교에 입학했습니다. 그리고 가우디는 자신만의 감성적인 느낌을 표현하는 건축가가 되는 것을 꿈꾸었지요.

그 후, 가우디는 사그라다 파밀리아, 카사 밀라, 구엘 공원 같은 세기의 건축물들을 설계했고, 건설 현장에서 일꾼들과 함께 일하며 공사를 돕고 감독하게 됩니다.

1926년, 가우디는 자연으로 돌아갔지만, 사람들은 지금도 가우디를 20세기 최고의 건축가로 부르며 그가 남긴 건축물을 보기 위해 에스파냐의 바르셀로나로 모여들고 있습니다.

파밀리아 성당은 안토니 가우디의 대표적인 건축물입니다.

1 괄호 안에 들어갈 알맞은 말을 고르세요.

> 안토니 가우디는 독창적인 건축 세계관을 지닌 탓에 학창 시절에는
> 제대로 인정받지 못했습니다. 하지만 그는 독창적인 생각을 멈추지
> 않았고 결국 20세기 최고의 (   )가(이) 되었습니다.

① 건축가
② 무용가
③ 대통령
④ 간호사
⑤ 변호사

2 안토니 가우디가 꿈을 이루는 데 가장 큰 힘이 되었던 것으로 알맞은 것은 무엇인가요?

① 건축에 대한 지식
② 자연에 대한 관찰
③ 설계에 대한 열정
④ 건설 현장을 지휘하는 능력
⑤ 독창적인 생각

3 안토니 가우디에 관하여 바르게 말한 친구의 이름을 쓰세요.

> 민재 가우디는 자신만의 감성적인 느낌을 표현하는 뛰어난 건축가였고,
> 사그라다 파밀리아, 카사 밀라, 구엘 공원 같은 세기의 건축물들을
> 설계했어.
>
> 찬영 다른 사람들의 생각을 따라 하는 습관이 있던 가우디는 결국 모두
> 에게 비난을 받았고 건축을 포기하고 말았어.

▶ 정답: 211쪽

Ⅱ. '나'와 안토니 가우디

STEP 1

창의적으로 생각하기

창의적으로 생각한다는 것은 지금까지와는 다르게 생각한다는 뜻이에요. 창의적인 생각을 위해선 주변에 관심을 갖고 꾸준히 관찰하고 생각해야 해요. 가우디는 자연의 모든 것에 관심이 많았고, 동물이나 식물을 꾸준히 관찰하며, 그것을 창의적으로 해석하고 표현했어요. 가우디가 동물이나 식물을 관찰할 때 어떤 표정을 지었을지 상상해서 그려 보세요.

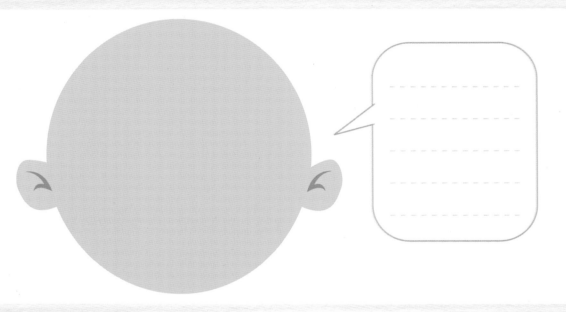

★ 표정을 그리기가 어렵다면 말로 설명해 보세요.

STEP 2

안토니 가우디와 창의성

괄호 안에 들어갈 알맞은 낱말을 써 보세요.

가우디는 틀에 박힌 딱딱한 규칙이나 생각보다는 자신의 감성적인 느낌을 중요하게 생각했어. 가우디의 독창적인 생각은 학교 안에서 종종 논란이 됐지만 그는 흔들리지 않고 항상 독창적으로 생각했지.

➡ 가우디는 대자연에 관심이 많았고, 개미나 거미처럼 작은 곤충들도 그냥 지나치지 않았습니다. 그는 그 모든 것들을 꾸준히 관찰하며 (ㅊ ㅇ ㅈ)으로 표현했습니다.

STEP 3 창의성 기르기

- 창의성은 자신 있고 잘하는 분야에서 나타나기도 해요. 잘하는 일에 더욱더 열정을 갖고 끊임없는 호기심과 관심, 꾸준한 노력을 기울이면 놀라운 창의성을 끌어낼 수 있을 거예요.

> 가우디는 설계도 잘했지만, 건설 현장에 직접 나가서 일꾼들과 함께 일하면서 문제가 생기면 그 문제를 창의적으로 해결하기도 했어.

> 또한, 가우디는 내부 장식과 가구 디자인에도 직접 참여하곤 했어. 가우디는 다른 건축가들이 신경 쓰지 않는 건축물의 내부에도 자신의 독창성을 담으려고 노력했지.

- 여러분이 자신 있고 잘하는 일에는 무엇이 있는지 떠올려 보고, 그 일에서 창의성을 발휘한 일이 있다면 적어 보세요.

이것만은 꼭!

안토니 가우디를 떠올려 봐. 안토니 가우디는 주변의 모든 것에 관심이 많았고, 그 모든 것을 유심히 관찰했어. 그래서 가우디의 건축물에는 동물과 식물의 모양이 독창적으로 표현되어 있는 것들이 많아. 그는 거북이가 어떻게 기둥을 받치고 있어야 하는지, 야자수가 어떻게 입구의 모양을 이루어야 하는지, 독특한 건축물을 장식할 모자이크 타일을 어떻게 만들어야 하는지 등을 다방면으로 생각하고 표현했지. 너도 지금부터 다른 사람들이 그냥 넘기는 부분을 다시 생각해 보고, 다른 더 좋은 방법은 없는지 고민해 봐. 그럼 너만의 창의성을 기를 수 있을 거야.

CHAPTER

6

감 성

감성 ①

몬테소리 교육법의 창시자

마리아 몬테소리

 마리아 몬테소리는 이탈리아 최초의 여자 의사로서 정신과에서 어린 환자들을 돌보다가 교육으로 아이들이 바뀔 수 있다는 사실을 깨닫고, 몬테소리 교육법을 탄생시켰습니다. 다음은 몬테소리가 자신만의 길을 개척하는 계기가 된 학창 시절의 한 수업 시간 일화입니다.

머릿속에 떠오르는 여성 위인이 있으면 자유롭게 말해 보렴.

프랑스의 잔 다르크가 있잖아.

이집트의 클레오파트라 여왕도 있어.

그래, 영국의 엘리자베스 여왕도 있고!

우리나라의 마르게리타 여왕님도 계셔.

하지만 카타리나는 부모님의 바람과 달리 자신이 하고 싶은 일을 찾아 나섰어.

그래서 열여섯 살이 되던 해에 수도원으로 들어가 간호사가 되었단다.

그곳에서 암이나 전염병에 시달리는 환자들을 정성을 다해 돌보고,

사치스럽게 살고 있던 성직자들의 재산을 빼앗아 가난한 사람들에게 나눠 주었지.

힘없는 사람들을 위해 봉사한 카타리나는 서른세 살의 젊은 나이로 안타깝게 세상을 떠났단다.

여자라서 할 수 없는 일은 없어. 선생님은 너희가 큰 꿈을 가져서 꼭 훌륭한 사람이 되었으면 좋겠구나.

마리아는 선생님이 들려주신 시에나의 카타리나 이야기를 듣고 감동을 받았습니다.

선생님!

그래, 마리아. 무슨 일이니?

마리아 몬테소리에 관한 다음 글을 읽고 물음에 답하세요.

1870년, 마리아 몬테소리는 이탈리아에서 태어났습니다. 의사, 과학자, 교사이자 평화주의자였던 마리아 몬테소리는 부유한 가정에서 외동딸로 성장하며, 어릴 때부터 의사가 되고 싶었어요. 하지만 당시 이탈리아에선 여학생이 의대에 입학하는 것이 금지되어 있었기 때문에 마리아 몬테소리는 입학 허가를 받는 일조차 쉽지 않았습니다.

그럼에도 불구하고 마리아 몬테소리는 모든 시련과 어려움을 이겨 내고 의과대학을 졸업하여 이탈리아 최초의 여자 의사가 되었습니다. 의사가 된 마리아 몬테소리는 병원에서 지적 장애를 가진 어린이 환자들을 돌보며, 그 아이들이 모두 정상적인 성인으로 자랄 수 있다고 믿었습니다. 그녀는 그 아이들이 단지 발달 속도가 느릴 뿐 평범한 사람들과 마찬가지로 슬픔과 아픔을 느끼는 소중한 생명이라는 점을 강조했지요.

아이들과 함께 생활하면서 마리아 몬테소리는 그들의 잠재력을 발견하는 여러 가지 교육법을 개발했습니다. 그 교육법은 병원의 아이들뿐만 아니라 세상의 많은 어린이들에게도 좋은 영향을 미쳤어요. 그것이 바로 지금도 전 세계 교육현장에서 널리 실천하고 있는 몬테소리 교육법입니다.

훗날 마리아 몬테소리는 자신의 교육법에 대해서 다음과 같이 말했습니다.

"나는 어린이가 표현하는 것을 받아들였습니다. 그것이 바로 몬테소리 교육법입니다."

어린이를 하나의 인격체로 생각하고, 어린이의 마음에 공감하며 숨겨진 가능성을 발견하기 위해 평생을 노력했던 마리아 몬테소리. 그 덕분에 훌륭한 몬테소리 교육법이 탄생하게 된 것입니다. 마리아 몬테소리의 이런 교육 철학은 지금도 많은 어린이들에게 좋은 영향을 주고 있습니다.

1 괄호 안에 들어갈 알맞은 말을 고르세요.

> 마리아 몬테소리는 아이들의 마음에 공감하며, 그들의 잠재력을 발견하는
> 교육법을 개발한 이탈리아 최초의 여자 (   )입니다.

① 의사
② 작가
③ 군인
④ 화가
⑤ 대통령

2 마리아 몬테소리가 꿈을 이루는 데 가장 큰 힘이 되었던 것으로 알맞은 것은 무엇인가요?

① 여성의 의대 진학을 강조했던 사회 분위기
② 사회적 강자에 대한 공감
③ 장애를 가진 어린이들의 고통을 이해한 감성
④ 아버지의 헌신과 격려
⑤ 형제자매가 많은 가정환경

3 마리아 몬테소리에 관하여 바르게 말한 친구의 이름을 쓰세요.

> 상규 마리아 몬테소리는 어린이를 하나의 인격체로 생각하고, 어린이
> 들의 마음에 공감하며 숨겨진 가능성을 발견하기 위해 평생을
> 노력했어.
>
> 윤아 마리아 몬테소리는 국가와 어린이를 지키기 위해 많은 나이에도
> 불구하고 직접 전쟁터에 나가서 싸웠어.

▶ 정답: 211쪽

Ⅱ. '나'와 마리아 몬테소리

STEP 1

감성 이해하기

감성이 뛰어나다는 말은 다른 사람의 마음을 이해하고 공감하는 능력이 뛰어나다는 의미예요. 다른 사람의 마음을 이해하면, 그 사람을 배려할 수 있게 되어 적절한 도움을 줄 수 있어요. 그러다 보면 친구들과 좋은 관계를 유지할 수도 있지요. 만일 체육 시간에 달리기를 하다가 넘어진 친구가 있다면, 그 친구의 마음은 어떨까요? 친구의 표정을 상상해서 그려 보세요.

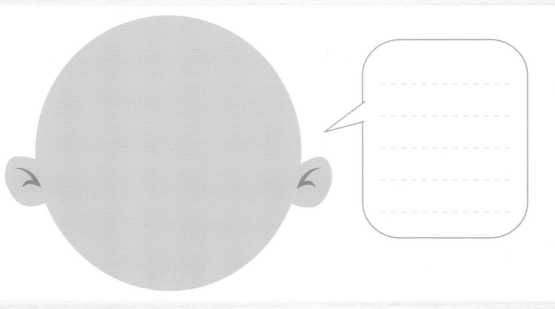

★ 표정을 그리기가 어렵다면 말로 설명해 보세요.

STEP 2

마리아 몬테소리와 감성

괄호 안에 들어갈 알맞은 낱말을 써 보세요.

어린 시절 마리아 몬테소리는 장애를 가진 친구 클라라와 자주 놀았어. 다른 사람들은 클라라를 흉보고 조롱하기도 했지. 하지만 마리아 몬테소리는 클라라를 멀리하지 않고, 혹시 클라라가 상처를 받거나 슬퍼할까 봐 걱정했어. 그래서 클라라에게 더욱 공감하며 위로했어. 결국 둘은 최고의 친구가 되었지.

➡ 마리아 몬테소리처럼 (ㄱ ㅅ)을 갖고 다른 사람의 마음이 어떤지 주의 깊게 살피고 배려하면 좋은 친구를 얻을 수 있습니다.

STEP 3 감정 표현하기

• 감정을 바르게 이해하고 표현하는 일은 매우 중요해요. 나 자신의 감정을 잘 파악하고 표현하는 것뿐만 아니라 다른 사람의 감정을 공감하고 이해하는 것도 중요하고 아름다운 일입니다.

약자를 사랑하는 마음을 가진 마리아 몬테소리는 병원에서 지적 장애 아동을 돌보며 그들의 마음에 공감했어.

그리고 그 아이들이 처한 상황을 안타까워했지. 그 결과 어린이들을 위한 몬테소리 교육법을 만들어 낼 수 있었어.

• 사랑하는 가족을 떠올려 보세요. 그 가족을 위해서 여러분이 지금 당장 할 수 있는 일에는 무엇이 있는지 써 보세요.

마리아 몬테소리는 꿈꾸던 의사가 되려고 했을 때, 주변의 엄청난 반대에 부딪히는 시련을 겪었어. 하지만 굳은 의지로 의사가 된 마리아 몬테소리는 자신이 겪었던 고통과 시련을 떠올리며 병원에서 장애 아동을 위해 헌신했지. 그녀는 그들의 고통에 공감하고 그들 편에서 더욱더 도움을 주고자 애썼어. 결국, 마리아 몬테소리는 몬테소리 교육법이라는 아이들을 위한 훌륭한 교육법을 만들어 냈어. 자신의 경험을 바탕으로 다른 사람의 마음에 공감하고, 그 사람을 돕는 건 정말 아름답고 멋진 일이야.

30강

감성 ②

나라를 개혁한 성군
정조

사도 세자의 아들이자 조선의 22대 왕 정조는 온갖 위협에도 굴하지 않고, 오로지 백성을 위한 나라를 만들기 위해 끊임없이 노력한 성군이었습니다. 다음은 큰 비극과 아픔을 겪은 정조의 어린 시절 이야기입니다.

조선 시대에는 역모 죄를 *삼대를 멸할 정도로 엄히 다스렸습니다. 사도 세자를 역모로 몰고 가는 노론 세력 때문에 세자는 물론, 세손의 목숨마저 위태로워질 것을 걱정한 영조는 결국 결정을 내렸습니다.

이 상소에 적힌 것을 모두 인정하느냐?

소자, 비록 방탕하였으나 역모를 꾀한 적은 없었습니다. 믿어 주십시오.

역모가 아니었다 해도 세자로서 온갖 잘못을 일삼은 것만으로도 죽어 마땅하다!

세자는 죽음으로 죗값을 치르도록 하라!

어찌 그런 명을 내리십니까? 용서해 주십시오, 아바마마!

* **삼대** 아버지, 아들, 손자의 세 대

이 소식은 이산에게도 전해졌습니다.

아바마마께 목숨을 끊으라 하셨다고요?

어찌 이런 일이……!

어마마마!

세손, 이 일을 어찌해야 한다는 말이오.

할바마마께서 아바마마를 오해하신 것 같아요.

할바마마께 자초지종을 설명한 뒤 아바마마의 용서를 구하겠습니다.

함께 갑시다. 서두르지 않으면 세자저하의 목숨이 위태롭습니다.

* **뒤주** 곡식을 담아 두는 나무로 만든 궤짝

아버지의 처참한 죽음을 목격한
열한 살 이산의 충격은 너무나 컸습니다.

아바마마께서 죽음에
이르는 것을 소자는 그저
무기력하게 지켜봐야만
했습니다.

도대체 무엇이
아바마마를 죽음으로
몰아갔단 말입니까?

세손,
아비를 지켜 주지 못해
미안하구나.

아비의 죽음이
원통하거든, 우선 세손이
강해져야 한다.

아무도
널 쥐고 흔들 수 없게
힘을 길러라!

그래야만
힘 있는 왕이 될 수
있을 것이다.

할바마마!

네,
할바마마!

* **동궁** 왕세자를 달리 이르던 말

정조에 관한 다음 글을 읽고 물음에 답하세요.

정조의 아버지는 조선 중기 사대부들의 이념 싸움에 희생양이 되어 비극적인 죽음을 맞게 된 사도 세자였습니다. 그래서 정조는 할아버지 영조의 뒤를 이어 제22대 조선의 왕이 되었지요. 어린 정조에게 아버지의 죽음은 견디기 힘든 충격이었지만, 견뎌야만 하는 일이었습니다. 정조는 이런 슬픔을 극복하기 위해 더욱 이를 악물고 학문에 매진했고, 다시는 아버지의 죽음과 같은 비극이 일어나지 않도록 조선을 개혁으로 이끌었습니다. 정조는 한결같이 당파 간의 갈등을 없애고 백성을 위한 조선을 만들고자 했습니다. 그만큼 인재들에게 고른 기회를 주고자 했던 정조는 인재를 등용할 때 신분이나 지위, 출신지가 아닌 각자가 가진 장점과 능력을 최우선으로 보았습니다. 비록 서자 신분이라도 과거에 합격하면 등용해 벼슬에 오를 수 있도록 했지요.

또한, 정조는 억울한 일을 당한 백성이 북을 쳐 왕에게 알리도록 한 제도인 신문고와 왕의 행차 때 꽹과리나 징을 쳐서 자신들의 억울한 사정을 호소하는 제도인 격쟁을 통해 백성의 목소리를 직접 들으려고 했습니다. 이와 같이 정조는 늘 백성의 이야기를 귀담아들으며 문제를 해결해 주기 위해 노력했습니다.

나라를 위하고 백성을 사랑했던 정조는 자신의 일상생활에서도 검소함을 실천했습니다. 정조는 하루에 두 끼, 그리고 한 끼에 반찬을 5가지만 먹겠다고 선언하고 재위 24년간 내내 소박하게 밥을 먹었다고 합니다. 당시에 왕은 한 끼에 고기와 반찬이 11가지 이상 포함된 최고의 밥상을 받았는데 말이지요.

이렇게 정조는 아버지의 죽음에 대한 한을 가슴에 묻은 채 오로지 백성들만을 바라보며 조선을 개혁했습니다. 이런 정조의 정신은 사람들의 가슴속에 남아서 지금까지도 정조를 조선의 성군으로 기억되게 합니다.

1 괄호 안에 들어갈 알맞은 말을 고르세요.

> 정조는 한결같이 당파 간의 갈등을 없애고 백성을 위한 조선을 만들고자
> 했던 조선 시대의 (   )입니다.

① 장군
② 임금
③ 법관
④ 선비
⑤ 철학자

2 정조가 꿈을 이루는 데 가장 큰 힘이 되었던 것으로 알맞은 것은 무엇인가요?

① 궁금한 것을 직접 연구하는 도전 정신
② 창의적인 아이디어
③ 뛰어난 관찰력과 실험 정신
④ 다른 사람의 생각에 흔들리지 않는 굳은 의지
⑤ 슬픔을 이겨내고 다른 사람의 마음에 공감하는 능력

3 정조에 관하여 바르게 말한 친구의 이름을 쓰세요.

> 주철 아버지의 죽음을 안타까워했던 정조는 왕이 된 뒤 사대부들의
> 당파 싸움을 지지하는 정책을 펼쳤어.
>
> 근주 나라를 위하고 백성을 사랑했던 정조는 자신의 일상생활에서도
> 검소함을 실천했고, 백성들의 존경을 받았어.

▶ 정답: 211쪽

Ⅱ. '나'와 정조

STEP 1

감성이 뛰어난 사람의 특징

정조는 신분이 높은 왕이었지만 백성들의 마음을 헤아리고, 그들을 위한 정책을 펼쳤어요. 감성이 뛰어난 사람은 다른 사람에게 공감하고, 그들의 마음을 헤아리며 배려하는 행동을 하지요. 어렵고 힘들게 사는 백성들의 모습을 살펴본 정조의 표정은 어땠을까요? 정조의 표정을 상상해서 그려 보세요.

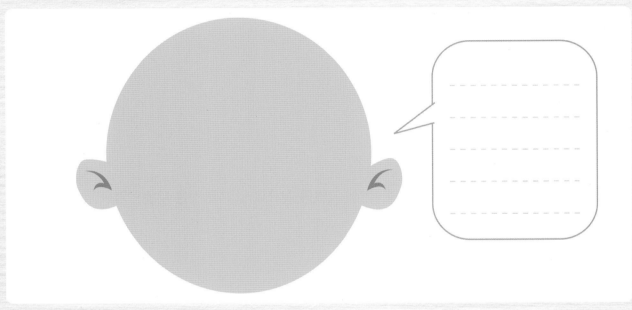

★ 표정을 그리기가 어렵다면 말로 설명해 보세요.

STEP 2

정조와 감성

괄호 안에 들어갈 알맞은 낱말을 써 보세요.

할아버지의 뒤를 이어 왕이 된 정조는 붕당 정치의 희생양으로 억울하게 죽은 아버지 사도 세자를 늘 그리워했어. 정조는 엄청난 슬픔과 괴로움, 그리움을 안고 살았지만 자신의 마음을 잘 다스리고 나쁜 감정을 이겨 내려고 끊임없이 노력했어.

➡ 정조처럼 (ㄱ ㅅ)이 높은 사람이 되기 위해서는 먼저 자신의 마음을 잘 이해하고, 부정적인 기분을 평온한 상태로 진정시키는 것이 중요합니다.

STEP 3 감정 조절하기

- 부정적인 생각이나 기분이 들 때 마음을 조절하는 방법에는 여러 가지가 있어요. '스스로 위로하기', '마음 챙김 명상하기', '나 자신 칭찬하기', '다른 것에 관심을 돌리고 몰입하기' 등의 방법이 있지요.

정조는 슬픔을 이겨 내기 위해 나라를 혁신적으로 이끄는 일에 관심을 가졌고, 그 뜻을 이루고자 매우 노력했어.

그는 혼란스러운 나라를 잘 이끌기 위해서는 뛰어난 인재를 발굴하는 일이 중요하다고 생각했고, 그 결과 젊은 인재를 뽑아 교육한 뒤 벼슬을 주는 '초계문신 제도'를 시행했지.

- 마음이 힘들었던 때를 떠올려 보세요. 그때 어떻게 마음을 가라앉혔는지 적어 보세요.

이것만은 꼭!

정조를 생각해 봐. 정조는 나라 살림이 어려워진 것을 알고, 왕이 되자마자 궁에서 일하는 내시와 궁녀의 절반을 내보내 왕실에 지출되는 비용을 줄였어. 정조는 다른 사람이 처한 상황과 마음을 이해하고 같이 공감했을 뿐만 아니라 실제 자신의 생활에서도 검소함을 직접 실천했지. 이 때문에 정조는 백성들의 사랑과 존경을 받는 성군이 되었어. 너도 정조처럼 다른 사람의 마음을 따뜻하게 헤아리며, 다른 사람을 위하는 일을 작은 것부터 실천해 봐. 그러면 보다 넉넉한 마음을 갖게 될 거야.

31강

감성 ③

과학의 전도사

리처드 파인먼

 미국의 물리학자인 리처드 파인먼은 아인슈타인과 더불어 20세기 최고의 물리학자로 손꼽힙니다. 그는 획기적인 양자 전기 역학 도표를 개발하여 1965년에 노벨물리학상을 수상했습니다. 다음은 파인먼이 훌륭한 과학자로 성장하는 데 큰 역할을 한 아버지 멜빌 파인먼과 관련된 일화입니다.

리처드 파인먼은 1918년 뉴욕 파 락어웨이에서 태어났습니다.

하하하, 이 녀석. 훌륭한 과학자로 자랐으면 좋겠구나. 내가 잘 키우고 말 테다.

리처드 파인먼의 아버지 멜빌은 과학자가 되고 싶었지만, 그 꿈을 이루지 못했습니다. 그래서 아들이 훌륭한 과학자가 되길 바랐습니다.

리처드, 아빠 왔다!

아버지는 리처드 파인먼을 자신만의 방식으로 가르쳤습니다.

아빠~

자, 아빠가 오늘은 재밌는 놀잇거리를 들고 왔다. 한번 해 볼래?

리처드, 흰색 타일을 두 장 세우고 파란색 타일을 한 장, 다시 흰색 타일을 두 장 세워 보자.

어느 날, 여러 가지 색깔의 타일을 사 들고 집으로 온 아버지는 식탁 위에 타일을 쏟아 내고 도미노처럼 하나씩 세우기 시작했습니다.

아버지의 가르침은 얼마 후 리처드 파인먼이 다니던 유치원에서 빛을 발했습니다.

자, 지금부터 색종이의 짝을 맞추는 놀이를 할 거예요. 검은색은 흰색이랑 짝이고, 빨간색은 파란색과 짝이에요.

아이들은 색종이의 짝을 맞추기 시작했습니다. 대부분 아이들의 수준은 단순하게 짝을 짓고서는 끝났다고 생각하는 정도였습니다.

자, 여러분. 어렵게 생각할 필요 없어요. 이건 아주 쉬운 놀이예요.

다른 아이들과는 달리 리처드 파인먼은 주어진 색을 일정한 방식으로 짝 짓는 것을 넘어 다른 색에도 규칙을 확장하고 있었습니다.

어머, 리처드! 대단한데!

멜빌은 남들보다 특별하다거나 뛰어나다는 말을 믿지 않았습니다. 그는 모두가 평등하다고 생각했기에 아들이 뛰어난 재능을 가지고 있다는 가정통신문을 받고도 전혀 기뻐하지 않았습니다.

아휴, 알았어요. 괜히 진지하다니까.

세상에 특별한 아이는 없소. 아니, 남들보다 조금 똑똑하다고 특별한 대접을 받을 아이는 없지. 그러니 호들갑 떨지 마요. 아이가 자만심을 가질지도 모르니까.

멜빌이 이런 생각을 하게 된 건 직업 탓이었습니다. 제복 회사의 판매인이었던 멜빌은 제복을 입는 경찰, 군인을 많이 만났습니다.

제복이 나와 잘 어울리는가?

아주 좋습니다.

모자를 주게.

네, 여기.

교황을 맞이하기
위해 모인
사람들이란다.
넌 교황과
이 사람들이
뭐가 다른지
알겠니?

아니요,
잘 모르겠어요.

그래. 사실 이들은 모두 똑같은
사람이야. 그런데 교황이란
지위 때문에 사람들이 길에
엎드려 절을 하는 거지.

그렇구나.

리처드, 모든 사람은 평등해.
지위나 명예 같은 걸로 사람을
아래위로 나누는 건 옳지 않아.
세상에는 높은 사람도,
낮은 사람도 없단다.
이 점을 꼭 기억하고
너도 명예나 명성에
집착하지 말아라.

리처드 파인먼은 아버지의 가르침을 평생토록 간직하였습니다.

네,
모든 사람은 평등하다는
아빠의 말씀 항상
기억할게요.

리처드 파인먼에 관한 다음 글을 읽고 물음에 답하세요.

1918년, 리처드 파인먼은 미국에서 태어났습니다. 리처드 파인먼은 미국의 과학자로, 아인슈타인과 함께 20세기 최고의 물리학자로 손꼽히는 인물이지요. 그는 핵무기 개발에 참여했고, '파인먼 다이어그램'이라는 획기적인 양자 전기 역학 도표를 개발하여 1965년에 노벨물리학상을 받았습니다. 또, 1986년에는 우주 왕복선 챌린저호 폭발 사건의 원인을 밝혀내기도 했습니다.

리처드 파인먼은 이렇게 뛰어난 과학적인 업적을 세우면서도 유쾌하고 긍정적인 사고방식으로 늘 재미있게 살고자 노력했습니다. 그래서 어려운 과학을 보다 쉬운 방법으로 사람들에게 전달하려고 했고, 훗날 과학의 전도사로 불리게 된 것이죠.

그의 유쾌함은 다양한 일화에서 엿볼 수 있는데요. 어린 시절 리처드 파인먼은 실험을 통해 알아낸 화학 작용을 이용해 동네 아이들 앞에서 마술 공연을 하기도 했고, MIT(매사추세츠공과대학교)를 다닐 때에는 문을 떼어 내 지나치게 소음에 민감했던 친구를 놀리기도 했습니다. 맨해튼 프로젝트를 연구할 당시엔 보안상의 이유로 가족과 주고받는 편지가 검열을 받자 기분 나빠하기는커녕 이것을 이용해 오히려 가족과 암호 놀이를 하기도 했지요. 또한, 보안용 금고의 허술함을 지적하고자 자신이 직접 금고를 열기도 했습니다. 이러한 리처드 파인먼의 익살스러운 행동은 주변 사람들에게 즐거움을 주었고, 한편으론 금고의 보안을 더욱 견고하게 하는 등 주변에 발전적인 영향을 끼쳤습니다. 그리고 그는 실제 경험을 통해 쌓은 지식을 과학적 이론을 세우는 데 유용하게 사용하기도 했어요. 책과 이론에만 머물러 있는 지식이 아닌 살아 있는 지식을 응용했던 것입니다.

그러면서도 리처드 파인먼은 평생 명예와 권위를 부정했고, 모든 사람을 격의 없이 사랑했습니다. 천재 혹은 괴짜 과학자라고 불렸던 리처드 파인먼. 하지만 그는 사람을 사랑하고 세상을 사랑했던, 따뜻하고 열린 마음을 가진 과학자였습니다. 그의 따뜻한 마음과 유쾌한 성격은 뛰어난 과학자의 삶을 넘어 훌륭한 한 인간의 삶으로 남아 지금도 우리에게 교훈을 전하고 있습니다.

1 괄호 안에 들어갈 알맞은 말을 고르세요.

리처드 파인먼은 노벨물리학상을 받았고, 어려운 과학을 쉬운 방법으로 사람들에게 전달한 (   )입니다.

① 정치인
② 판사
③ 종교인
④ 물리학자
⑤ 작가

2 리처드 파인먼이 꿈을 이루는 데 가장 큰 힘이 되었던 것으로 알맞은 것은 무엇인가요?

① 우렁찬 목소리와 정확한 발음
② 따뜻한 마음과 긍정적인 사고방식
③ 자신이 가진 전 재산을 기부하는 희생정신
④ 동물과 식물에 대한 관심
⑤ 다른 사람에게 감동을 주는 연설 능력

3 리처드 파인먼에 관하여 바르게 말한 친구의 이름을 쓰세요.

리라 리처드 파인먼은 어렸을 때 겪었던 고난을 예술로 승화시켰고, 모두에게 감동을 주는 작품을 탄생시켰어.

인희 리처드 파인먼은 평생 명예와 권위를 부정했고, 모든 사람을 격의 없이 사랑했어. 그래서 천재 혹은 괴짜 과학자로 불렸지.

▶ 정답: 212쪽

Ⅱ. '나'와 리처드 파인먼

STEP 1

감정 다스리기

마음과 생각을 조절해 감정을 다스리면 긍정적이고 발전적으로 생각할 수 있게 됩니다. 그래서 감정을 잘 다스리는 사람의 주변에는 늘 사람들이 많이 모이지요. 리처드 파인먼은 유쾌하고 긍정적으로 재미있게 살고자 했고, 익살스러운 행동으로 주변 사람들을 즐겁게 했지요. 사람들이 유쾌한 리처드 파인먼을 만났을 때 어떤 표정을 지었을지 상상해서 그려 보세요.

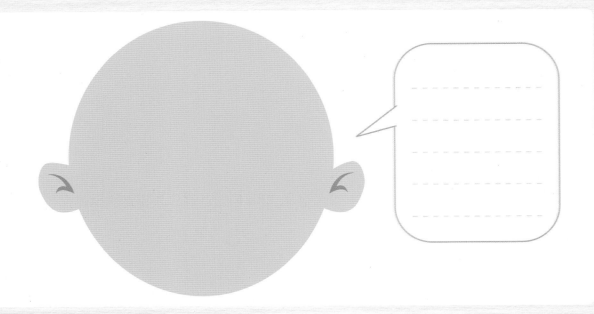

★ 표정을 그리기가 어렵다면 말로 설명해 보세요.

STEP 2

리처드 파인먼과 감성

괄호 안에 들어갈 알맞은 낱말을 써 보세요.

리처드 파인먼은 사람을 사랑하고 세상을 사랑했던, 따뜻하고 열린 마음을 가진 과학자였어. 그는 무엇이든 궁금한 것이 있으면 직접 해결하려 했고, 주변 사람들에게 즐거움을 주고자 늘 노력했어.

➡ 리처드 파인먼처럼 (ㄱ ㅅ)이 발달하면 모두에게 열린 마음으로 따뜻하고 긍정적인 생각을 전달할 수 있게 됩니다.

STEP 3 감성 기르기

- 감성이 뛰어난 사람은 주변의 일과 사람들의 감정에 관심을 갖고, 공감하고자 노력합니다. 그리고 힘든 일을 겪어도 부정적으로 생각하지 않고 긍정적으로 해결 방법을 찾기 위해 노력을 기울이지요.

리처드 파인먼은 과학을 어려워하는 사람들의 마음을 헤아렸고, 그 사람들을 위해 과학을 최대한 쉽게 설명하려고 노력했어.

리처드 파인먼은 일터에서 보안상의 이유로 가족과 주고받는 편지를 검열하자, 기분 나빠하기는커녕 이것을 이용해 가족과 암호 놀이를 했지.

- 갑자기 생각지도 못한 어려움을 겪었을 때, 여러분은 그 상황을 어떻게 이겨 냈나요? 그 상황을 떠올려 보고 어려움을 이겨 낸 경험을 적어 보세요.

이것만은 꼭!

리처드 파인먼을 떠올려 봐. 리처드 파인먼은 여러 분야의 다양한 사람을 만나면서
그들이 좋아하는 것과 싫어하는 것을 파악했고, 그것들을 열린 마음으로 받아들였어.
덕분에 리처드 파인먼은 보다 실생활에 유용한 과학, 더 쉬운 강의를 많이 생각해 냈고,
그런 생각을 직접 실생활에 적용할 수 있었지. 다른 사람의 생각을 받아들이고
배려하는 마음이 놀라운 결과를 만들어 낸 거였어. 나 자신만 생각하지 말고
다른 사람을 생각하고 배려해 봐. 그러면 좋은 일이 생길 가능성이
더 커지게 될 거야.

가난한 사람들의 어머니
마더 테레사

마더 테레사는 빈민을 구제하기 위해 인도 콜카타에 '사랑의 선교 수녀회'라는 자선 단체를 설립했고, 평생을 가난하고 병든 사람들 곁에서 사랑을 실천했습니다. 다음은 마더 테레사가 남을 위해 봉사하고 헌신하겠다고 결심한 계기가 된 어린 시절 일화입니다.

아녜스(마더 테레사의 어릴 적 세례명)의 아버지인 니콜라 브약스히야는 부유한 알바니아계 사업가로, 스코페의 시의원이기도 했습니다. 독실한 가톨릭 신자이자 솔선수범하는 성격이었던 니콜라는 이슬람교도가 많은 스코페시에서도 좋은 평판을 받았습니다.

어머니인 드라나필도 누구보다 신앙심이 깊고 자상한 성격을 가지고 있었습니다.

이렇듯 자상하고 헌신적인 부모님 밑에서 아녜스는 언니 아가, 오빠 라자와 함께 매우 행복한 시절을 보냈습니다.

아빠!

내 귀여운 딸 아녜스!

아빠, 뭘 짓는 거예요?

극장을 짓고 있단다.

와, 영화 보여 주고 연극도 하는 곳이요? 그럼 저 건물이 우리 거예요?

모두의 것?

건물을 짓게 돈을 대 주는 건 아빠가 맞지만, 저 건물은 우리 것이 아닌, 이 스코페 시민 모두의 것이란다.

다른 사람들은 극장 만들 돈이 없나요?

으음. 어떻게 설명해야 하나……

세상에는 가난한 사람이 많단다. 그래서 그 사람들은 파티를 열 수도, 장난감을 사서 아이들과 놀 수도 없단다.

역시
내 딸이야!

아버지 니콜라는 스코페시에 최초로
극장을 지었으며 가난한 사람을
돕기 위한 기부도 많이 했습니다.
그래서 많은 사람에게 존경과 사랑을
받았습니다.

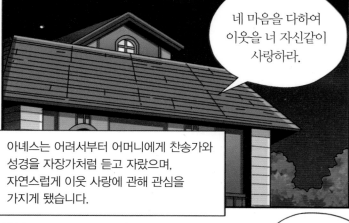

네 마음을 다하여
이웃을 너 자신같이
사랑하라.

아녜스는 어려서부터 어머니에게 찬송가와
성경을 자장가처럼 듣고 자랐으며,
자연스럽게 이웃 사랑에 관해 관심을
가지게 됐습니다.

엄마, 왜 우린
가난한 사람에게
베풀어야 해요?

우리의
행복을 남에게 조금
나눠 준다고 해서
나쁠 건 없어.

세상엔 불행한
사람이 아주
많은가요?

세상은 네가
아는 것보다도
훨씬 넓고,
불행한 사람이
아주 많단다.

나도 엄마랑
아빠처럼 이웃을
도우며 살고
싶어요.

착한 우리 딸.
이만 자렴.

네, 엄마.

야녜스의 아버지는 많은 정치인을 비롯해
종교인과도 친분을 쌓았습니다.

안녕하세요,
주교님!

아녜스,
많이 컸구나.

주교님! 저 어른이
되면 봉사를 많이
하는 사람이 되고
싶어요.

그래?
훌륭한 생각이구나!

그런데 뭣부터
해야 할지
모르겠어요!

우선 동네
성당에 다니면서
알아보렴.

엄마,
나 성가대에
들어갈래요.

아직은 어리지 않니?
조금 더 크면 언니와
함께 들어가렴.

지금
들어가고
싶어요!

그럼 언니한테
말해 보렴!

I. 쪽쪽 인물 탐험

📝 **마더 테레사에 관한 다음 글을 읽고 물음에 답하세요.**

1910년, 마더 테레사는 마케도니아에서 태어났습니다. 신앙심 깊은 가정에서 태어난 마더 테레사는 어려서부터 수녀가 되기로 마음먹었지요. 그러던 중 비참한 인도 하층민들의 삶을 보게 되었고, 깊은 슬픔과 절망을 느낀 마더 테레사는 평탄하고 안락한 삶 대신 인도의 가난한 사람들을 위해 힘든 삶을 선택합니다.

당시 인도 빈민가는 극심한 신분 차별, 엄청난 빈부 격차, 질병과 기아, 종교 갈등 등으로 고통받고 있었는데요. 마더 테레사는 모두가 포기한 인도의 빈민가를 직접 찾아가 그들이 인간적인 삶을 살 수 있도록 도왔습니다. 이렇게 마더 테레사가 어렵고 힘든 환경에서 인도 사람들을 위해 헌신할 수 있었던 건 어린 시절 어머니의 영향이 컸습니다. 의지가 강했던 마더 테레사의 어머니는 아무리 힘들어도 싫은 소리 한 번 하지 않고 즐거운 마음으로 남을 위해 봉사했습니다. 이런 어머니의 모습은 마더 테레사에게 사람의 의지가 얼마나 중요한지 깨닫게 해 주었지요. 이 깨달음은 마더 테레사가 인도에서 사람들의 무관심과 편견에 맞서 싸울 때 큰 힘이 되었고, 마더 테레사의 노력 덕분에 인도에선 신분 차별과 같은 잘못된 관습이 점점 사라지기도 했습니다.

사실 마더 테레사가 처음부터 용기가 있었던 것은 아니었어요. 살이 썩어 가는 한센 병 환자나 무서운 전염병에 걸린 사람들을 처음 봤을 때 마더 테레사도 선뜻  손을 내밀기 어려웠습니다. 하지만 마더 테레사는 누군가는 그들을 도와야 한다고 생각했고 스스로 용기를 낸 것이었죠. 마더 테레사는 교황청을 설득해 자신만의 수도회를 만들었고, 전염병 환자를 맨손으로 간호했습니다. 당시 인도에선 최하층 계급의 사람들과 어울리면 자신도 같은 취급을 받는다는 것을 알면서도 그녀는 도움의 손길을 거두지 않았습니다.

마더 테레사는 힘겨운 사람들의 아픔에 공감하고 그들에게 도움을 주는 데 평생을 바쳤습니다. 그렇기 때문에 오늘날까지도 많은 사람들에게 존경과 사랑을 받는 위대한 성자로 기억되고 있습니다.

1 **괄호 안에 들어갈 알맞은 말을 고르세요.**

> 마더 테레사는 가난하고 병든 사람들을 돕는 삶을 선택하고, 그들에게
> 도움을 주고자 평생을 헌신했던 (   )입니다.

① 기자
② 의사
③ 수녀
④ 교수
⑤ 작가

2 **마더 테레사가 꿈을 이루는 데 가장 큰 힘이 되었던 것으로 알맞은 것은 무엇인가요?**

① 창의적인 아이디어
② 뛰어난 관찰력과 실험 정신
③ 다른 사람의 생각에 흔들리지 않는 집중과 몰입
④ 부모님의 죽음에 대한 죄책감
⑤ 가난하고 병든 사람을 돕고 싶어 하는 따뜻한 감성

3 **마더 테레사에 관하여 바르게 말한 친구의 이름을 쓰세요.**

> 수란 마더 테레사는 인도의 빈민가를 직접 찾아가 그들이 인간적인
> 삶을 살 수 있도록 도왔고, 약자들에 대한 사람들의 무관심과
> 편견에 맞서 싸웠어.
>
> 강천 마더 테레사는 무서운 전염병에 걸린 뒤, 전염병으로 인한 사람
> 들의 고통을 깨닫고 전염병 치료제 개발에 평생을 헌신했어.

▶ 정답: 212쪽

Ⅱ. '나'와 마더 테레사

STEP 1 감성이 풍부한 사람의 특징

감성이 풍부한 사람은 다른 사람의 마음을 헤아리고 공감하는 능력이 뛰어납니다. 마더 테레사는 어려운 처지에 놓인 사람들의 마음에 공감했고, 평생 그들을 위한 삶을 살기로 결심했지요. 이렇게 감성이 풍부했던 마더 테레사는 인도 빈민가의 모습을 봤을 때 어떤 표정을 지었을까요? 마더 테레사의 표정을 상상해서 그려 보세요.

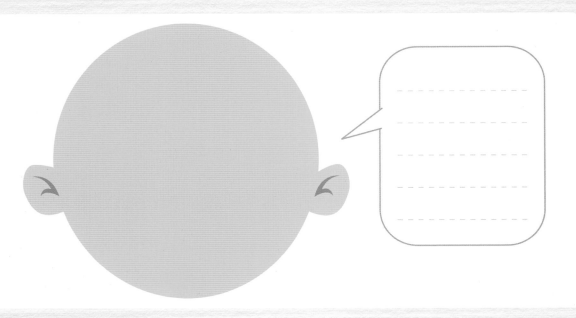

★ 표정을 그리기가 어렵다면 말로 설명해 보세요.

STEP 2 마더 테레사와 감성

괄호 안에 들어갈 알맞은 낱말을 써 보세요.

 마더 테레사는 최하층 계급의 사람들과 어울리면 자신도 같은 취급을 받는다는 것을 알면서도 도움의 손길을 거두지 않았어. 심지어 빈민들을 구하기 위해서 자신의 전부였던 종교의 형식과 절차를 바꾸려는 용기를 내기도 했지. 마더 테레사가 이렇게 용기를 내어 솔선수범했기 때문에 다른 사람들도 마더 테레사를 따라 가난하고 어려운 사람들을 돕는 활동에 뛰어들 수 있었어.

➡ 마더 테레사처럼 (ㄱ ㅅ)이 발달하면 어렵고 힘든 사람들의 처지에 공감하며, 서로를 돕고 존중하는 마음을 가질 수 있게 됩니다.

STEP 3 다른 사람 배려하기

• 감성이 뛰어난 사람은 다른 사람의 처지와 기분을 생각하고 배려하지요. 또 '나라면 어떨까' 하고
입장을 바꿔 생각해 보기도 하며, 문제를 해결하기 위해 노력하기도 합니다.

 마더 테레사는 무서운 전염병에 걸린 사람을 보며 처음에는 움츠러들었지만,
마음을 굳게 먹고 그들의 마음이 어떠할지 헤아린 뒤 용기를 내서 그들에게 손을
내밀었어.

또 당시 인도에선 사회적으로 신분이 낮은 사람들과 어울리면 자신도 같은 취급을
받는다는 것을 알면서도 어려운 사람의 고통을 외면하지 않고 더 적극적으로 도왔지.

• 여러분은 용기를 내어 누군가에게 먼저 도움의 손길을 내민 적이 있나요? 있다면 그 경험을 적어 보세요.

이것만은 꼭!

마더 테레사는 긍정적이고 유쾌한 마음, 그리고 대담함으로 약자들을 돕는
일에 앞장섰어. 특히 인도 빈민층의 마음을 헤아리고 도울 때 많은 반대와
어려움을 겪었지만, 굴하지 않고 용기를 내어 그들을 도왔지. 다른 사람의
아픔을 느꼈다면 주저하지 않고 도움의 손길을 내미는 용기도 필요해.
거창하지 않아도 돼. 작은 것부터 진심을 전달하는 것이 중요해.

전설적인 언론인

오리아나 팔라치

 오리아나 팔라치는 불의에 굴하지 않고 적극적으로 대항하며 힘든 상황에서도 희망의 끈을 놓지 않은 진정한 언론인이었습니다. 다음은 훗날 오리아나가 전설적인 기자가 되는 데 원동력이 된 어린 시절 일화입니다.

오리아나의 부모님은 비록 가난했지만 배움에 대한 열망이 강해서 책을 사는 일에는 돈을 아끼지 않았습니다.

엥? 아빠보다 책이 더 좋아?

그게 다 당신을 닮아서 그런 거예요.

이제 오리아나를 위한 책도 사 줘야겠어.

오리아나는 부모님 덕분에 책을 사랑하는 아이로 성장했습니다.

자, 여기 있다. 네가 읽고 싶어 하던 책 맞지?

《야성의 외침》? 정말 이 책을 제가 읽어도 되나요?

그래, 아빠가 네가 일어나면 전해 주라고 하셨단다.

와~! 정말 신나요. 아빠가 이 책은 좀 더 크면 읽으라고 하셨었는데.

하지만 무리하지는 마라. 건강해야 책도 많이 읽을 수 있는 거야.

어휴, 벌써 책에 푹 빠져 버렸네~!

오리아나는 책을 펼치는 순간 알래스카에서 '버크'라는 개가 겪는 모험담 속으로 빠져들었습니다.

호화로운 저택에 살며 사람들의 귀여움을 독차지하던 개, 버크는 어느 날 알래스카로 팔려 가게 됩니다.

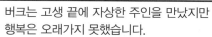
버크는 혹독한 추위와 맞서며 썰매를 끌다가
물에 빠져 죽을 뻔도 합니다.

더 빨리
달리란 말이야.
이 게으름뱅이들!

아, 불쌍한
버크…….

버크는 고생 끝에 자상한 주인을 만났지만
행복은 오래가지 못했습니다.

마음씨 착한 주인이
죽다니! 이제 버크는
어떻게 하면 좋지?

오리아나는 책을 읽느라 밤을 꼴딱 새웠습니다.

정말 대단해! 난 버크가 좌절할 줄 알았는데 끝까지 포기하지 않았어.

나도 어려운 일이 생기더라도 버크처럼 끝까지 이겨 내는 강한 사람이 될 거야!

학교 다녀오겠습니다!

피렌체 대학에 입학한 오리아나는 하루하루
최선을 다하며 열심히 공부했습니다. 그리고
언젠가 소설가가 되어 세상에 이름을
알리겠다는 소중한 꿈도 갖게 됐습니다.

오리아나 팔라치에 관한 다음 글을 읽고 물음에 답하세요.

　오리아나 팔라치는 1929년 이탈리아 피렌체에서 태어났습니다. 오리아나의 부모님은 비록 가난했지만 배움에 대한 열망이 강해 책을 사는 일에는 돈을 아끼지 않았지요. 그 덕분에 오리아나는 책을 사랑하는 아이로 성장하며, 어려움에 처했을 때도 자신의 꿈을 이루기 위해 쉬지 않고 달렸습니다. 아버지 에도아르도 팔라치가 교통사고를 당해, 자신이 가족의 생계를 책임져야 할 상황에 놓였을 때도 오리아나는 절망하기보다는 희망을 찾아냈고, 이 일을 오히려 자신의 꿈을 이룰 수 있는 기회로 삼았습니다.

　오리아나는 어린 시절에 제2차 세계 대전을 직접 겪었으면서도 이후에 수많은 전쟁에 목숨을 걸고 종군 기자로 뛰어들어 전쟁의 참상을 알렸습니다. 그러면서도 누구와 인터뷰를 하든 당당했습니다. 그녀는 권력을 두려워하지 않고 오히려 용기 있게 맞설 줄 아는 진정한 언론인이었지요.

　그 결과, 오리아나는 훗날 '전설적인 기자'로 불리게 됩니다. 20세기의 가장 유명한 언론인이자 인터뷰어(인터뷰를 진행하는 사람)로 손꼽히기도 했고요. 전설적인 기자, 오리아나 팔라치. 그녀의 강한 정신력과 지칠 줄 모르는 도전 정신은 지금도 많은 사람들의 가슴에 열정의 불꽃을 심어 주고 있습니다.

1 괄호 안에 들어갈 알맞은 말을 고르세요.

> 오리아나 팔라치는 여러 가지 어려운 상황에서도 절망하기보다는 희망을 찾아냈고, 전쟁에 목숨을 걸고 뛰어들어 참상을 알린 (   )였습니다.

① 군인
② 의사
③ 기자
④ 지휘자
⑤ 운동선수

2 오리아나 팔라치가 꿈을 이루는 데 가장 큰 힘이 되었던 것으로 알맞은 것은 무엇인가요?

① 뛰어난 관찰력
② 모든 것들에 대한 호기심
③ 어려운 상황에서도 포기하지 않는 용기
④ 친구들과의 따뜻한 우정
⑤ 전쟁에 대한 두려움

3 오리아나 팔라치에 관하여 바르게 말한 친구의 이름을 쓰세요.

> 하은 오리아나 팔라치는 어려운 상황에서도 항상 긍정적으로 생각하고 불의에 맞섰던 '전설적인 기자'로 불리고 있어.
>
> 지혁 오리아나 팔라치는 책 읽는 것을 싫어했지만 전쟁놀이를 매우 좋아했어. 그래서 전쟁에 참여해서 많은 공을 세웠어.

▶ 정답: 212쪽

Ⅱ. '나'와 오리아나 팔라치

용기 내기

무섭고 두려운 일을 겪으면 용기를 내기가 쉽지 않지요. 오리아나 팔라치는 세계 대전을 직접 경험하고도 이후에 목숨을 걸고 종군 기자로 뛰어들어 수많은 전쟁의 참상을 알렸습니다. 전쟁터를 취재할 때, 오리아나 팔라치는 어떤 표정을 지었을까요? 오리아나 팔라치의 표정을 상상해서 그려 보세요. 또는 어떤 말을 했을지 써 보세요.

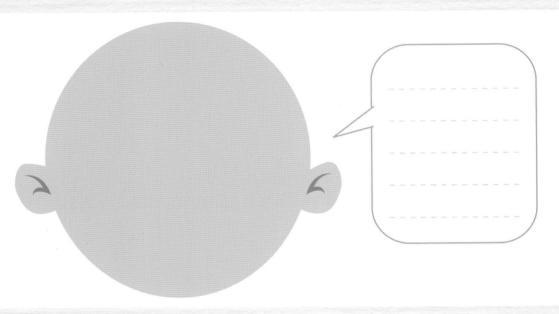

★ 표정을 그리기가 어렵다면 말로 설명해 보세요.

오리아나 팔라치와 감성

괄호 안에 들어갈 알맞은 낱말을 써 보세요.

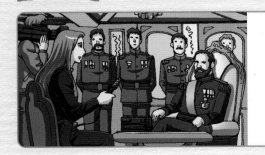

오리아나는 독재 정부에 맞서 싸우면서, 싸우면 싸울수록 용기는 점점 커지고, 두려움은 점점 사라진다는 것을 깨달았어. 그래서 절망에 빠져 무기력하게 있는 것을 가장 싫어했지.

➡ 오리아나 팔라치는 두려움에 지지 않았고, 항상 긍정적으로 생각하며 모든 일에 용기를 냈습니다. 오리아나 팔라치는 (ㄱ ㅅ)이 풍부한 인물이었기 때문입니다.

감성 이해하기

- 감성이 풍부한 사람은 감정 조절을 잘하고 문제 상황을 슬기롭게 이겨 냅니다. 우리는 즐겁다가도, 갑자기 우울해지거나 슬퍼지기도 하지요. 그렇다고 그 감정을 있는 그대로 다 드러낸다면 일상생활에 문제가 생길 수도 있어요. 그러므로 감정이 자기 자신의 통제를 벗어나지 않도록 노력해야 해요.

> 오리아나 팔라치는 전쟁과 무서운 독재 정권을 경험했어. 당시에 다른 기자들은 그 상황이 무서워서 침묵했지.

> 오리아나 팔라치도 무서웠지만 두려운 감정을 조절하고 용기를 내어 취재하며 진실을 알리는 기사를 작성했어.

- 여러분은 자신의 감정을 조절하기 위해 어떤 노력을 하고 있나요? 그 노력을 적어 보세요.

이것만은 꼭!

오리아나 팔라치를 떠올려 봐. 오리아나 팔라치는 어려운 상황에서도 자신의 감정을 잘 조절했어. 누구와 인터뷰를 하든 항상 당당했고, 권력을 두려워하지 않았지. 오히려 불의에 용기 있게 맞설 줄 아는 진정한 언론인이었어. 이러한 오리아나 팔라치의 감정 조절 능력과 지칠 줄 모르는 도전 정신은 많은 사람들의 가슴에 열정의 불꽃을 심어 주었어. 하고 싶은 일에 용기가 필요하다면 지금부터 생각하고 연습해 봐. 조금씩 발전하는 네 모습을 볼 수 있을 거야.

34강

감성 ⑥

애니메이션계의 대명사

월트 디즈니

 월트 디즈니는 어려운 환경 속에서도 늘 새로운 것에 도전했고 실패를 두려워하지 않았습니다. 그 결과, 디즈니는 애니메이션계의 대명사가 되었죠. 다음은 디즈니가 그림을 그리기 시작했을 때의 일화입니다.

표현은 거칠지만 책임감 강하고 부지런한 아버지였던 엘리아스 디즈니는 자식들의 자립심을 키우기 위해 어렸을 때부터 집안일을 시키고 일을 한 대가로 용돈을 주었습니다.

허버트와 레이몬드는 밭을 갈고, 로이는 씨를 뿌려라.

아버지, 오늘은 좀 쉬게 해 주세요. 어깨가 너무 아파요.

그래?
그럼 쉬어도 좋다.

정말요?
정말이죠?

대신 오늘 저녁은
굶는 거다.

아버지,
정말 너무해요!

시끄럽다.
일하지 않는 녀석은
먹을 자격도 없어.
일을 하든지, 굶든지
알아서 해.

방해 말고
저리 비켜!

월트는 아버지가
무섭기만 했어요.
월트는 명랑하고
거침없는
성격이었지만
아버지 앞에서만은
항상 주눅이
들었어요.

가서 오리 먹이나
주거라. 오리가
도망가지 않게
잘 단속하고!

네.

비록 아버지가 무서워서 시작한 일이었지만
월트는 가축을 돌보는 시간이 행복했어요.
그림 그리기를 좋아했던 월트가 그림을
마음껏 그릴 수 있는 유일한 시간이었기
때문이에요.

월트는 가축들의 이름을 지어 주고
친구처럼 대했어요.

짐, 너랑
똑같이 생겼지?

꽥꽥!

뭐? 안 닮았어?
제대로 보고 말해.

자, 봐.
여기 입도 똑같고,
발도 똑같잖아.
그렇지?

변변한 미술 도구 하나 없던 월트는 버려진
나무판자나 땅바닥에 그림을 그렸어요.
이 그림들은 훗날 월트 디즈니가 만들어 낼
많은 동물 캐릭터들의 시초가 되었습니다.

꽥꽥!

월트는 고약한 냄새가 나는 타르를
페인트로 착각해 사고를 치고 맙니다.

✎ **월트 디즈니에 관한 다음 글을 읽고 물음에 답하세요.**

월트 디즈니는 1901년 미국 일리노이주 시카고에서 태어났습니다. 상상력이 풍부했던 월트 디즈니는 어릴 때부터 그림 그리기를 좋아했습니다. 월트 디즈니에게는 농장의 모든 동물들이 친구이자 그림의 소재였지요. 월트 디즈니는 동물들도 말을 할 수 있다고 믿으며 그들에게 이름을 지어 주었습니다. 그리고 그런 상상력을 발휘하여 학창 시절에 사람의 형상을 한 오리를 그려서 선생님과 친구들을 놀라게 했습니다.

이런 재능을 가진 월트 디즈니는 후에 애니메이션 작가가 되었고, 1934년, 세계 최초의 장편 애니메이션 〈백설 공주와 일곱 난쟁이〉를 만들어 대성공을 거두게 됩니다. 하지만 그 후, 기술 투자에 너무 많은 돈을 쏟아부어 스튜디오가 망하기도 했습니다. 그러자 사람들은 월트 디즈니를 현실성 없는 사람으로 취급하기도 했지요. 그러나 그는 다른 사람의 시선이나 평가를 두려워하지 않았고, 스스로를 부끄러워하지도 않았습니다. 오히려 실패의 경험을 바탕으로 오뚝이처럼 새롭게 도전했고, 다시 대성공을 거두게 됩니다.

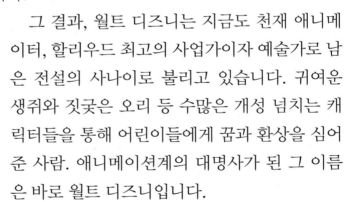

그 결과, 월트 디즈니는 지금도 천재 애니메이터, 할리우드 최고의 사업가이자 예술가로 남은 전설의 사나이로 불리고 있습니다. 귀여운 생쥐와 짓궂은 오리 등 수많은 개성 넘치는 캐릭터들을 통해 어린이들에게 꿈과 환상을 심어 준 사람. 애니메이션계의 대명사가 된 그 이름은 바로 월트 디즈니입니다.

1 괄호 안에 들어갈 알맞은 말을 고르세요.

> 월트 디즈니는 어려서부터 그림 그리기를 좋아했고 상상력이 풍부했습니다. 그는 수많은 개성 넘치는 캐릭터들을 통해 어린이들에게 꿈과 환상을 심어 준 천재 (   )입니다.

① 애니메이터
② 마술사
③ 마법사
④ 바리스타
⑤ 성우

2 월트 디즈니가 꿈을 이루는 데 가장 큰 힘이 되었던 것으로 알맞은 것은 무엇인가요?

① 풍부한 상상력
② 동물에 대한 사랑
③ 미국의 부유한 환경
④ 가난한 집안 형편
⑤ 건강한 신체

3 월트 디즈니에 관하여 바르게 말한 친구의 이름을 쓰세요.

> **혜성** 월트 디즈니는 동물을 사랑했어. 동물들의 아픔을 외면할 수 없었던 디즈니는 세계 최대의 동물 병원을 만들었어.
>
> **광호** 다른 사람들과 다르게 동물을 바라보고 표현했던 디즈니는 수많은 캐릭터를 만들었고, 세계 최초의 애니메이션인 〈백설 공주와 일곱 난쟁이〉를 제작했어.

▶ 정답: 212쪽

Ⅱ. '나'와 월트 디즈니

STEP 1

감성이 풍부한 사람의 특징

감성이 풍부하고 예민한 사람은 다른 사람의 마음을 이해하고 공감하는 능력이 뛰어날 뿐만 아니라 사물을 분석하는 능력도 탁월하지요. 그래서 월트 디즈니는 같은 사물을 보고도 다른 형태와 색으로 표현할 수 있었어요. 월트 디즈니는 사물을 관찰할 때 어떤 표정을 하고 있었을까요? 월트 디즈니의 얼굴을 상상해서 그려 보세요. 또는 그가 어떤 말을 했을지 써 보세요.

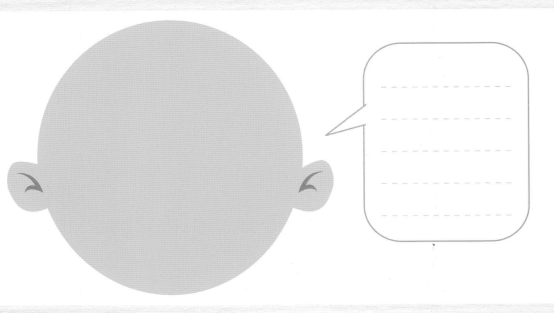

★ 표정을 그리기가 어렵다면 말로 설명해 보세요.

STEP 2

월트 디즈니와 감성

괄호 안에 들어갈 알맞은 낱말을 써 보세요.

상상력이 풍부했던 월트 디즈니는 특히 동물 그리기를 좋아했어. 친구들이 모두 동물을 생김새 그대로 그릴 때 디즈니는 자신이 느낀 대로 사람과 닮은 형상을 한 동물을 그려서 주변을 놀라게 했지.

➡ (ㄱ ㅅ)이 풍부해서 자신만의 느낌으로 그림을 그리곤 했던 디즈니는 최초의
애니메이션을 만들어 냈습니다.

STEP 3 나의 감정 알아보기

• 우리는 다양한 감정을 느끼면서 살아가고 있어요. 요즘 여러분의 기분은 어떤지, 어떤 생각을 하고 있는지 스스로 돌아보고 점검해 보세요. 그렇게 하면 자신의 감정에 더 충실해져 보다 행복한 생활을 할 수 있을 거예요.

 디즈니는 동물을 관찰하고 자신만의 방식으로 표현하는 일에 기쁨을 느꼈어.

실패를 경험했을 때는 두렵고 슬펐지만, 디즈니는 결국 시련을 이겨 내고 다시 애니메이션을 만들어 대성공을 거두었지.

• 여러분은 지금 어떤 감정을 느끼고 있나요? 스스로를 돌아보고 점검하며, 그 감정을 표현해 보세요.

 **이것만은 꼭!**

월트 디즈니를 떠올려 봐. 월트 디즈니는 특유의 감성과 기발한 상상력으로 수많은 캐릭터를 탄생시켰고, 나중엔 디즈니랜드를 만들어 자신의 꿈을 실현했어. 월트 디즈니의 성공은 예술적인 감수성과 독창성 덕분이었지. 너도 너만의 감성으로 사물을 바라본다면 지금과는 다른 모습을 발견할 수 있을 거야. 그리고 그것들로 마음을 하나하나 채운다면 지금보다 훨씬 더 풍부한 감성을 갖게 될 거야.

찍찍!

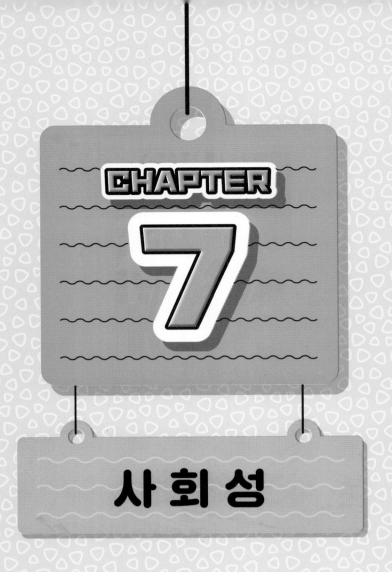

CHAPTER 7

사 회 성

35강
사회성 ①

러시아의 대문호
레프 톨스토이

 톨스토이는 19세기 러시아 문학을 대표하는 작가이자 사회와 종교 문제에 대해 깊이 고민하던 사상가로서 작품 속에 세월을 뛰어넘는 생명력을 불어 넣으며 세계적으로 존경받는 대문호가 되었습니다. 다음은 톨스토이가 사회적 약자 편에서 활동하기로 결심했던 학창 시절 일화입니다.

허허! 괜찮네. 앞으로 열심히 하면 되지 뭐. 그런 의미에서 톨스토이 자네에게 과제를 주겠네.

예카테리나 2세의 《훈령》과 몽테스키외의 《법의 정신》을 읽고 보고서를 제출하도록!

예카테리나 2세는 18세기 후반에 러시아를 다스렸던 여제잖아? 몽테스키외는 입법, 사법, 행정의 삼권 분립을 주장한 프랑스 학자이고.

맙소사!

예카테리나는 귀족들의 이익을 위해 농민들을 마음껏 부린 나쁜 독재자였네.

호호호호! 농민들에게 돈을 두 배로 갖다 바치라고 해라!

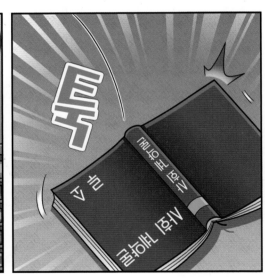

오랜만이야, 레프!

덜컹

와락

형! 먼 곳까지 어쩐 일이야?

레프, 재산 상속 문제가 마무리돼서 왔어. 너에게 야스나야 폴랴나 영지가 주어졌어.

세르게이는 말을 좋아해서 피고로보 영지를, 드미트리는 쿠르스크 영지를, 나는 니콜스코를 물려받았지.

띵~

레프, 넌 이제부터 야스나야 폴랴나 영지의 주인이야.

농노들과 하인들을 잘 다스리고 영지를 관리하도록 해.

툭

아, 내가 야스나야 폴랴나 영지의 주인이라고?

그래! 지금 당장 야스나야 폴랴나로 돌아가자.

가서 불쌍한 농노들을 잘 보살피는 훌륭한 영주가 되겠어! 지금 대학에서 공부하는 것보다 그것이 훨씬 가치 있는 일일 거야.

영지를 돌보기 위해 학교를 그만둔다고?

죄송합니다, 교수님. 힘없는 농노들을 보살피는 것이 현재 저에게 가장 가치 있는 일이라고 생각했습니다.

음 …….

메이어 교수님은 제게 삶의 목표를 일깨워 준 유일한 분이십니다. 교수님을 절대 실망시키지 않겠습니다.

아닐세. 다른 사람을 위해 살 때 내 삶의 가치도 살아난다는 사실을 깨닫다니, 자네가 너무 기특하네.

톨스토이는 대학교 3학년 때 학교를 그만두고, 더 가치 있는 삶을 살기 위해 야스나야 폴랴나로 돌아갑니다.

레프 톨스토이에 관한 다음 글을 읽고 물음에 답하세요.

1828년, 레프 톨스토이는 러시아에서 태어났습니다. 명문 귀족 집안의 넷째 아들로 태어나 부유한 어린 시절을 보냈으나, 부모님을 일찍 떠나보내는 가슴 아픈 경험을 했지요. 두 살 때 어머니를, 아홉 살 때 아버지를 여의게 된 그는 부모님의 연이은 죽음에 큰 충격을 받고 죽음의 의미와 죽음을 맞이하는 자세에 대해 깊은 고민을 합니다. 그래서인지 레프 톨스토이의 작품에 등장하는 주인공들은 대부분 비극적으로 죽음을 맞이하는 경우가 많은데요. 이런 생각들을 작품에 녹여 냄으로써 삶과 죽음의 경계를 넘나드는 위대한 걸작들을 만들어 낸 것이었죠.

19세기 러시아 문학을 대표하는 작가이자 러시아 사회와 종교 문제에 대해 깊이 고민하던 사상가였던 레프 톨스토이는 귀족 출신임에도 항상 사회적 약자의 편에 섰습니다. 늘 자신보다 낮은 지위에 있는 이들을 보호하기 위해 글을 썼지요. 그는 글을 통해 인간을 억압하는 사회 제도와 잔인한 문명, 위선에 빠진 종교를 정면으로 비판했습니다. 그러면서 한편으론 인간성 회복을 위해 끊임없이 노력했고, 인간답게 사는 길은 오직 서로를 사랑하는 것에 있다고 믿었습니다.

이런 고귀한 정신은 그의 작품 속에 세월을 뛰어넘는 생명력을 불어넣어 주었지요. 그래서 오늘날에도 많은 이들이 그의 작품을 통해 거룩한 정신을 배우고 있습니다.

1 괄호 안에 들어갈 알맞은 말을 고르세요.

> 레프 톨스토이는 러시아 사회와 종교 문제에 대해 깊이 고민하던 사상가
> 이자 19세기 러시아 문학을 대표하는 (   )입니다.

① 작가
② 목사
③ 군인
④ 음악가
⑤ 교수

2 레프 톨스토이가 꿈을 이루는 데 가장 큰 힘이 되었던 것으로 알맞은 것은 무엇인가요?

① 시행착오를 거치며 실험을 통해 원리를 밝혀낸 열정
② 가문의 유서 깊은 전통
③ 훈련을 통해 단련된 건강한 신체
④ 훌륭한 교수에게 받은 가르침
⑤ 사회적 약자의 편에 서서 인간성 회복을 강조한 의지

3 레프 톨스토이에 관하여 바르게 말한 친구의 이름을 쓰세요.

> 정호 레프 톨스토이는 새로운 것을 개발하기 위해 끊임없는 노력과
> 뛰어난 창의력을 쏟아부었고, 결국 인류에게 편리함을 주는
> 도구를 발명했어.
>
> 채린 레프 톨스토이는 인간을 억압하는 사회 제도를 비판하며 항상
> 자신보다 낮은 지위에 있는 이들을 보호했어.

▶ 정답: 212쪽

> 정답: 212쪽

CHAPTER 7 사회성

35강 | 사회성 ① 레프 톨스토이   155

Ⅱ. '나'와 레프 톨스토이

STEP 1 사회성 이해하기

사회성은 다른 사람들과 평화롭게 관계를 형성하고 잘 지내는 능력을 말해요. 레프 톨스토이는 귀족들의 횡포로 고통받는 농민들의 모습을 보고 그들의 목소리에 귀를 기울이며 그 고통에 공감했어요. 그래서 그들을 위한 교육을 했고 글을 쓰기도 했지요. 힘들어하는 농민의 소리를 들으며 공감했을 때 레프 톨스토이가 어떤 표정을 지었을지 상상해서 그려 보세요.

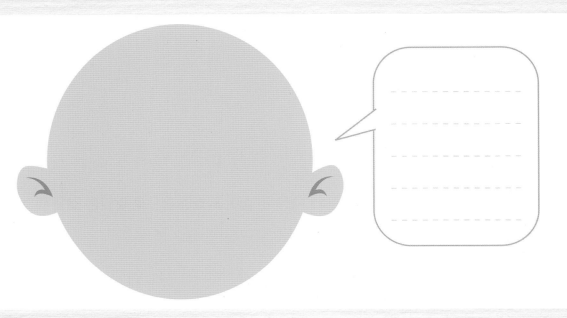

★ 표정을 그리기가 어렵다면 말로 설명해 보세요.

STEP 2 레프 톨스토이와 사회성

괄호 안에 들어갈 알맞은 낱말을 써 보세요.

레프 톨스토이는 귀족이었음에도 감당할 수 없는 세금 때문에 고통받는 농민들의 마음에 공감했어. 그리고 그들의 고통을 외면하지 않았지. 그래서 농민들을 위한 학교도 세우고 신문도 만들었어.

➡ 다른 사람들과 평화롭게 관계를 형성하고 잘 지내는 능력인 (ㅅ ㅎ ㅅ)을 기르기 위해서는 다른 사람의 말을 경청하고, 소통할 수 있어야 하지요. 그리고 이를 통해 갈등을 해결할 수 있어야 합니다.

STEP 3 사회성 기르기

• 세상은 혼자 살아가는 곳이 아니라 여러 사람과 어울리며 살아가는 곳이에요. 그래서 사회성을 길러야 하지요. 사회성이 높은 사람일수록 행복하고 원만한 삶을 살 확률이 높습니다.

 레프 톨스토이는 높은 신분의 귀족이었음에도 약자의 눈높이에서 아픔을 헤아리고, 그들을 도와주려고 애썼어.

그는 단순히 공감만 한 것이 아니라, 자신이 사회적인 약자를 위해 할 수 있는 실질적인 방법을 찾았어. 그래서 글을 쓰고, 학교를 세우고, 신문을 만들어 진짜 도움을 주었지.

• 아픔을 겪은 친구의 마음에 공감하거나 그 친구를 도와준 적이 있나요? 있다면 그 경험을 적어 보세요.

레프 톨스토이를 떠올려 봐. 레프 톨스토이는 어려운 사람들의 처지를 이해하고 공감하고 배려했어. 그래서 많은 사람들이 고마움을 느끼며 레프 톨스토이를 존경했지. 어려운 처지에 있는 사람을 멀리하고 다르게 볼 것이 아니라 한 발 더 가까이서 아픔을 들여다보고 따뜻한 마음을 건네 봐. 그러면 네 마음도 따뜻해질 거야.

36강

사회성 ②

미국 풍자 문학의 대가

마크 트웨인

마크 트웨인은 어려운 집안 형편 때문에 변변한 교육조차 받지 못했습니다. 하지만 그는 긍정적인 생각으로 늘 모험을 꿈꾸며 어려움을 극복했고, 미국을 대표하는 세계적으로 유명한 작가가 되었습니다. 다음은 마크 트웨인이 강한 모험심을 가진 소년이었던 시절의 일화입니다.

마크 트웨인의 본명은 새뮤얼 랭혼 클레멘스였고, 사람들은 어린 시절 그를 샘이라고 불렀습니다. 샘은 강한 모험심으로 동네에서 유명한 개구쟁이였습니다.

에구구~, 엉덩이에 감각조차 없다.

야, 샘! 너 오늘 된통 재수 없는 날이었다며?

말 걸지 마. 나 지금 엉덩이 요양이 필요해서 당분간 같이 못 놀아.

다음 주에 마을 어른들이 동굴 관광 간다고 하던데 넌 못 가겠네?

못 가긴 왜 못 가! 엉덩이는 하룻밤만 자면 다 가라앉는다고!

날짜 정해지면 연락해.

알았어.

어른들과 함께 있다가 몰래 떨어져 나오는 거야.

그래서 옛날에 해적들이 숨긴 보물을 찾는 거지.

그런데 보물을 찾으면 해적 유령들이 화내지 않을까?

으하하하! 그건 걱정 마!

우리 클레멘스 집안 조상 중에는 엘리자베스 여왕 시대에 해적 선장을 지낸 분도 있었대. 그러니까 해적 유령쯤은 하나도 겁 안 나.

우아!

샘은 집안에 전해져 오는 조상들의 모험담을 매우 좋아했습니다.

나를 따르라!

예! 선장님!

그리고 자신도 유명한 해적이 되고 싶다고 생각했습니다.

야, 꼬맹이들! 빨리 오지 않으면 우리끼리만 간다.

지금 가요.

어른들은 앞쪽에 있어.

그럼 우린 중간에 다른 길로 가자.

까악!

으아아아!

동굴은 재미있으면서도 으스스했습니다. 의사가 표본으로 만든 시체 모형이 구경거리로 걸려 있기도 했습니다.

바, 방금 그건 뭐였지?

저게 그 유명한 동굴 속 소녀 시체였나 봐.

그런데 여긴 어디야?

크, 큰일 났다!

정신없이 도망치느라 길을 잃어버렸어!

뭐라고?

불도 거의 꺼지겠어.

우리 이러다 집에도 못 가고 굶어 죽는 거 아냐?

괜찮아. 혼혈인 '인준 죠'도 동굴에서 길을 잃었지만 구조될 때까지 박쥐를 잡아먹으면서 버티었다고 하잖아.

맞아. 인준 죠가 나한테도 직접 그 얘기해 줬어.

그런데 박쥐를……

먹을 수 있을까?

으아악!

샘은 모험심이 지나친 나머지 해적의 보물을 찾는다며 동굴 안을 멋대로 돌아다니다가 길을 잃었습니다.

으악! 괴물이다!

여기, 애들을 찾았어요!

?

허, 참.

으앙! 감사해요!

이때의 모험과 경험은 《톰 소여의 모험》 속에서 생생하게 묘사되기도 했습니다.

샘! 나중에 보자!

샘!

해니벌은 개구쟁이들에게 최고의 놀이터를 제공했습니다. 샘은 강이 내려다보이는 숲에서 인디언이나 로빈 훗을 흉내 내며 놀았습니다.

야호!

내 칼을 받아라!

으윽!

우린 숲의 용사들! 나쁜 귀족을 물리치고 자유를 되찾았다!

와아!

샘은 해니벌의 놀이터를 '사내아이의 낙원'이라고 불렀습니다. '사내아이의 낙원'은 샘의 모험심과 상상력의 원천이 되었습니다.

해니벌에서 길러진 이 모험심은 평생 동안 계속되었습니다.

샘이 훗날 발표한 모험소설 《톰 소여의 모험》은 샘의 어릴 적 이야기를 바탕으로 한 자전적 이야기나 마찬가지였습니다.

또한 소설의 주인공 톰 소여는 샘의 어릴 적 개구쟁이 친구들의 성격을 모두 합친 인물이었습니다.

해니벌에서 지낸 자유분방한 소년 시절이 없었다면 훗날 마크 트웨인을 있게 한 소설들은 나오지 못했을 것입니다.

I. 쪽쪽 인물 탐험

✏️ **마크 트웨인에 관한 다음 글을 읽고 물음에 답하세요.**

　1835년, 마크 트웨인은 미국에서 태어났습니다. 마크 트웨인은 어려운 집안 형편 때문에 변변한 교육조차 받지 못했지만 현실을 긍정적으로 바라보는 매우 낙천적인 성격을 가지고 있었지요. 그러한 긍정적인 생각으로 마크 트웨인은 늘 모험을 꿈꾸며 삶의 어려움을 극복해 나갔습니다. 심지어 그는 자신의 불행조차도 유머 소재로 삼을 정도로 여유로운 마음의 소유자였습니다. 그리고 자신의 글 재주로 어려운 사람을 돕고 싶었던 마크 트웨인은 특유의 유머러스한 글로 사람들의 마음을 사로잡았고, 전 세계를 열광시킨 작가가 되었습니다.

　마크 트웨인의 작품은 유머러스하면서 사회의 어두운 면을 고발하는 내용이 많습니다. 유쾌한 소년 소설로 여겨지는 《톰 소여의 모험》이나 《허클베리 핀의 모험》도 당시 미국의 가장 큰 사회 문제였던 노예 제도의 부당함을 다루었지요. 마크 트웨인은 자신의 글을 통해 적극적으로 사회 문제를 언급하면서 사회가 옳은 방향으로 나아가길 주장했습니다. 이 때문에 그는 지금도 양심적인 위대한 문학가로 기억되고 있으며, 그가 남긴 작품은 아직까지 미국 제일의 문학 작품으로 평가되면서 오늘날까지 전 세계 소년 소녀들의 마음을 사로잡고 있습니다.

《허클베리 핀의 모험》(1884년 발표)

1 괄호 안에 들어갈 알맞은 말을 고르세요.

> 마크 트웨인은 긍정적인 성격과 특유의 유머러스한 글로 사람들의 마음을 사로잡았던 미국의 대표 (   )입니다.

① 연극배우
② 코미디언
③ 시인
④ 작가
⑤ 화가

2 마크 트웨인이 꿈을 이루는 데 가장 큰 힘이 되었던 것으로 알맞은 것은 무엇인가요?

① 경제적으로 넉넉한 가정환경
② 사회운동가였던 아버지의 격려
③ 우수하고 체계적인 대학 교육
④ 밝은 성격과 사회 문제를 적극적으로 해결하려는 의지
⑤ 시행착오를 거치며 실험을 통해 원리를 밝혀내려는 끈기

3 마크 트웨인에 관하여 바르게 말한 친구의 이름을 쓰세요.

> 재희   마크 트웨인은 새로운 나라를 개척하고 모험하는 것에 관심이 많았어. 그래서 늘 끊임없이 탐험했고, 결국 미국 사람들이 좋아할 만한 멋진 섬을 발견했어.
>
> 지민   마크 트웨인은 자신의 글을 통해 적극적으로 사회 문제를 언급하면서 사회가 옳은 방향으로 나아가길 주장했어.

▶ 정답: 213쪽

STEP 1 · 사회성 이해하기

사회성은 주변 사람과 평화롭고 좋은 관계를 유지하는 능력으로, 사회성이 높다는 건 자신이
속한 사회를 긍정적으로 바라보며, 사회에 적응하는 능력이 뛰어나다는 뜻입니다. 마크 트웨인은
늘 밝고 유쾌했던 한편, 사회의 어두운 면을 글로 밝혀 살기 좋은 세상을 만들려고 노력했지요.
사회성이 뛰어난 마크 트웨인과 대화할 때 사람들이 어떤 표정을 지었을지 상상해서 그려 보세요.

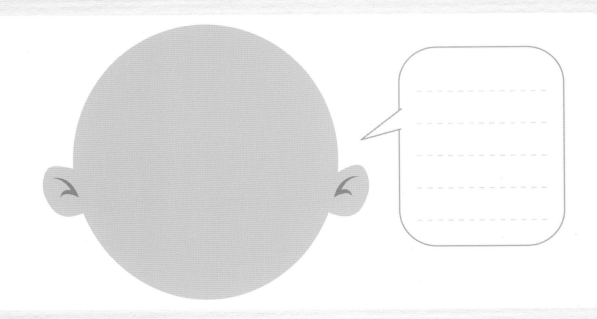

★ 표정을 그리기가 어렵다면 말로 설명해 보세요.

STEP 2 · 마크 트웨인과 사회성

괄호 안에 들어갈 알맞은 낱말을 써 보세요.

마크 트웨인은 자신의 작품을 통해 노예 제도, 식민지 정책
등을 당당하게 비판했고, 고통받는 사람의 목소리를 대신했어.
이런 마크 트웨인의 글 덕분에 사람들의 생각이 바뀌었고,
사회는 더 좋은 방향으로 나아가게 되었지. 그래서 그의 글은
오늘날까지도 많은 사람들에게 사랑받고 있어.

➡ 마크 트웨인은 글을 통해 사회의 문제를 해결하려 했던 (ㅅ ㅎ ㅅ)이 훌륭한
위인입니다.

STEP 3 사회성 기르기

• 사회성을 기르기 위해서는 자기 말만 하기보다 다른 사람의 말을 잘 듣는 것이 중요해요.

마크 트웨인은 자신이 가진 글재주로 어려운 사람을 돕고 싶었어. 그래서 어려운 사람들의 이야기와 그들의 감정에 귀를 기울였지.

그리고 그들을 위해 유머러스하면서도 사회의 어두운 면을 고발하는 내용의 작품을 많이 남겼어. 그게 바로 오늘날까지 마크 트웨인의 작품이 전 세계 사람들에게 사랑받는 이유야.

• 앞으로 친구들과 이야기를 나눌 때 어떻게 대화를 하고 싶은지, 여러분의 다짐을 써 보세요.

이것만은 꼭!

마크 트웨인을 떠올려 봐. 마크 트웨인은 사회의 약자 편에 서서 글을 쓰며, 그들의 마음을 헤아려 좋은 사회를 만들고자 애썼어. 진심을 담은 그의 글은 전 세계 사람들에게 사랑받았고, 그는 지금까지도 양심적인 위대한 문학가로 기억되고 있지. 너도 다른 사람과 잘 지내고 싶다면 다른 사람의 말을 주의 깊게 듣고, 그 사람의 마음을 먼저 헤아리도록 노력해 봐.

평등과 평화를 사랑한 지도자
마틴 루서 킹

흑인 인권을 넘어 인류 전체의 평등과 평화를 주장한 진정한 지도자였던 마틴 루서 킹은 어릴 적부터 백인들에게 차별받으며 자랐습니다. 그래서 자연스럽게 인종차별을 없애야 한다는 신념을 품게 되었습니다. 다음은 마틴 루서 킹이 인권 운동가로 활동하는 결정적인 계기가 된 어린 시절 이야기입니다.

I. 조목조목 인물 탐험

📝 **마틴 루서 킹에 관한 다음 글을 읽고 물음에 답하세요.**

마틴 루서 킹은 1929년 미국 남부 조지아주 애틀랜타에서 태어났습니다. 마틴과 형제들은 부모님의 사랑 속에서 밝게 자랐습니다. 하지만 어린 시절 마틴 루서 킹은 흑인과 백인 사이에 차별이 존재한다는 사실을 어렴풋이 알게 되었고, 사회 문제에 관심을 갖게 되었지요.

1944년, 마틴 루서 킹은 두 학년이나 월반하여 15세의 나이에 모어하우스 대학에 입학합니다. 성직자가 되기를 주저하던 마틴은 모어하우스 대학 학장인 벤저민 메이즈 박사와 철학 및 종교학을 전공한 조지 켈시 교수의 영향으로 생각이 조금씩 바뀌었습니다. 그리고 학창 시절, 방학을 이용해 여러 가지 일을 하는 과정에서 인종 차별을 겪었던 마틴 루서 킹은 흑인 인권 문제에 대해 더욱 관심을 기울이게 되었습니다.

모어하우스 대학교를 졸업한 마틴 루서 킹은 1948년 펜실베이니아주에 있는 크로저 신학교에 들어가게 됩니다. 그곳에서 그는 흑인을 대표하는 마음으로 몸가짐을 단정히 하고 언제나 예절을 갖추어 행동했습니다. 그러던 중 대학 총장의 연설에서 간디의 무저항 비폭력주의를 접하고 큰 감명을 받게 되었죠.

졸업 후, 목사가 된 마틴 루서 킹은 평등한 사회를 위해 평화적인 방법으로 인종차별에 맞섰고, 더 나아가 사회운동과 인권운동을 활발하게 펼쳤습니다. 그런 노력을 인정받아 그는 1964년엔 노벨평화상을 수상했고, 오늘날까지도 평등과 평화를 사랑한 위대한 지도자로 기억되고 있습니다.

1 괄호 안에 들어갈 알맞은 말을 고르세요.

> 마틴 루서 킹은 인종차별을 극복하고 평등한 사회를 만들기 위해 노력한
> 목사이자 (   )입니다.

① 요리사
② 군인
③ 운동선수
④ 인권운동가
⑤ 화가

2 마틴 루서 킹이 꿈을 이루는 데 가장 큰 힘이 되었던 것으로 알맞은 것은 무엇인가요?

① 백인이 흑인보다 뛰어나다는 생각
② 세상은 공평할 수 없다는 생각
③ 흑인과 백인뿐만 아니라 인간은 모두 평등하다는 생각
④ 열심히 노력해서 받은 노벨평화상
⑤ 신학교에서 만난 친구들

3 마틴 루서 킹에 관하여 바르게 말한 친구의 이름을 쓰세요.

> 예린 마틴 루서 킹은 창의적인 생각을 매우 중시하며 노력을 강조했어.
> 그러면서 항상 무슨 일이든 최선을 다하고 포기하지 말아야
> 한다고 했어.
>
> 예원 흑인과 백인은 평등하고 같은 대우를 받아야 한다고 생각했어.
> 그래서 흑인과 백인이 같은 일을 한다면 같은 급여를 받아야
> 한다고 주장했지.

▶ 정답: 213쪽

Ⅱ. '나'와 마틴 루서 킹

사회성 이해하기

사회성의 핵심은 '타인에 대한 친절함', 바로 '예의'입니다. 타인의 마음을 상하게 하는 행동을 부끄러워하고, 괴로워하는 사람을 위로하고자 하는 마음은 사회성의 기본이지요. 마틴 루서 킹은 자신을 적으로 여기는 사람을 미워하지 않고 친구로 대했습니다. 자신을 적으로 여기는 사람을 대할 때 마틴 루서 킹의 표정이 어땠을지 상상해서 그려 보세요.

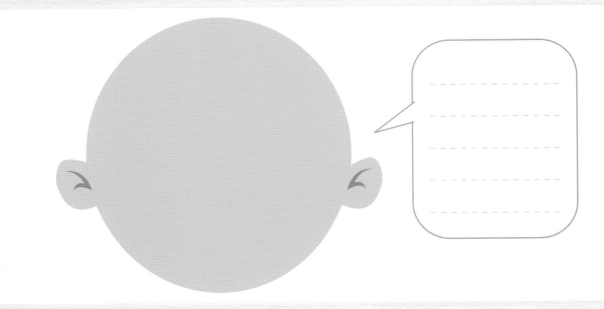

★ 표정을 그리기가 어렵다면 말로 설명해 보세요.

마틴 루서 킹과 사회성

괄호 안에 들어갈 알맞은 낱말을 써 보세요.

마틴 루서 킹은 용서와 화해를 통해 자신을 미워하던 백인들을 친구로 만들었어. 그는 미움과 증오를 용서로 바꾸는 일을 실천하며, 사람들에게 진정한 용서의 가치를 깨닫게 해 주었지.

➡ 마틴 루서 킹은 사람들 사이에서 일어나는 갈등을 소통으로 해결하고자 하는 (ㅅ ㅎ ㅅ)이 뛰어난 위인이었습니다.

STEP 3 사회성 유지하기

- 갈등을 해결하면서 사회성을 유지하는 것은 어려운 일이기도 해요. 기존의 잘못된 관습을 따르고 싶어 하는 사람들과 생각이 다를 수 있기 때문이지요.

 마틴 루서 킹은 흑인과 백인의 갈등을 평화적이고 비폭력적인 방법으로 해결하려고 노력했어.

그는 누구나 평등한 사회를 만들기 위해 인권운동을 했고, 그 결과 노벨평화상을 수상하기도 했지.

- 여러분은 친구들과의 사이에서 어떤 차별을 느껴 본 적이 있나요? 있다면 그 경험을 떠올려 보고 어떻게 그 차별을 극복할 수 있을지 적어 보세요.

 **이것만은 꼭!**

마틴 루서 킹을 떠올려 봐. 마틴 루서 킹은 항상 사람들의 말에 먼저 귀 기울였어. 남의 말에 귀를 기울일 줄 아는 태도는 사람의 마음을 얻는 가장 확실한 방법이지. 친구들과 친해지고 싶다면 마틴 루서 킹처럼 타인의 말에 귀를 기울일 줄 아는 자세를 가져야 해.

위대한 영혼, 인도 건국의 아버지

마하트마 간디

 간디는 세계에서 유일하게 비폭력 저항 운동을 이끌었고, 많은 종교로 인해 뿔뿔이 흩어진 인도를 하나의 힘으로 이끈 민족 지도자였습니다. 다음은 조국 인도를 위해 헌신한 간디의 학창 시절 이야기입니다.

라지코트의 초등학교에 입학한 간디는 아버지의 기대와는 달리 여전히 눈에 띄지 않는 학생으로 지냈습니다.

야, 전학 온 애 말이야.

간디 말이야?

좀 이상하지 않아? 난 쟤가 말을 하는 걸 거의 본 적이 없어.

친구들은 간디를 이상한 눈으로 바라보았고,
간디는 그럴수록 더욱 외톨이가 되었습니다.

하긴, 공부는 열심히 하는 것 같은데
성적이 좋은 것도 아니고.

그렇다고 운동을
잘하는 것도 아니고.

……

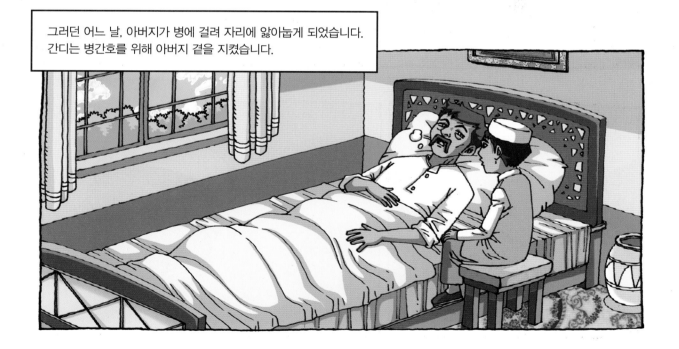

그러던 어느 날, 아버지가 병에 걸려 자리에 앓아눕게 되었습니다.
간디는 병간호를 위해 아버지 곁을 지켰습니다.

간디는 그동안 자신이 잘못했던 일을 편지로 썼습니다. 고기를 먹은 일, 담배를 피운 일, 돈을 훔친 일까지 모두 적어 아버지께 드렸습니다.

죄송해요, 아버지. 이제 두 번 다시는 그러지 않을게요. 정말 잘못했어요.

모한다스, 나는 네가 씩씩하지 않아서 언제나 걱정했단다. 하지만 넌 나에게 잘못에 대해 용서를 구하는 용기를 보여 주었어. 네가 자랑스럽구나.

아, 아버지……

간디는 자신을 야단치지 않는 아버지의 모습에 감동받고 굳은 결심을 했습니다.

난 이제 오직 진실만을 이야기할 거야, 진실만을!

열여덟 살이 된 간디는 고등학교를 졸업하고 앞으로 자신이 무엇을 하며 살아갈 것인가에 대해 고민했습니다.

모한다스, 무슨 고민 있니?

장래에 대해 고민하고 있었어.

혹시 영국에 가서 법을 배우고 오면 어떨 것 같니?

영국 법? 왜 그걸 배워야 해?

지금 우리는 영국의 지배를 받고 있잖아. 영국인은 그들의 법으로 인도를 지배하는데 우리는 그 법을 몰라서 많은 차별을 당하고 있지.

그러니 우리도 영국 법을 알아야 해. 네가 영국 법을 배우고 와서 차별받는 인도인을 도와주는 게 좋겠구나.

영국 법이라 …….

38강 | 사회성④ 마하트마 간디 **183**

마하트마 간디에 관한 다음 글을 읽고 물음에 답하세요.

1869년, 인도에서 태어난 간디는 평생 자신이 세운 판단 기준을 거스르지 않고 양심에 따라 행동한 위인이었습니다. 또한, 많은 종교로 인해 뿔뿔이 흩어진 인도를 하나의 힘으로 이끈 민족 지도자이기도 했지요. 간디는 종교 차별을 금지하고 모두가 화합하고 어우러져 살기를 바랐습니다. 그래서 당시 세계에서 유일하게 비폭력 저항 운동을 이끌었습니다.

그뿐만 아니라 간디는 수천 년 동안 뿌리 깊이 내려오던 신분 제도인 카스트 제도와 가장 낮은 신분인 불가촉천민 차별에 반대했습니다. 그의 노력으로 1947년 카스트 제도는 인도 법에서 사라졌고, 2009년에는 불가촉천민이 인도 국회 의장으로 선출되기도 했지요.

모두를 평등하게 사랑하며 부당함에 맞서 싸우는 용기를 가졌던 간디는 약자를 위해 애썼고, 일상 속에선 검소함을 몸소 실천했습니다. 영국 유학 시절, 간디는 유학에 드는 비용을 아끼기 위해 웬만한 거리는 모두 걸어 다녔습니다. 유학을 마치고 남아프리카에서 변호사 생활을 할 때도 간디는 경제적으로 여유가 있었지만, 가난으로 고통받는 동포를 위해 인도인이 자급자족할 수 있는 공동체를 만들었습니다. 간디는 이곳에서 솔선수범하여 옷을 만들어 입기도 했지요. 이 공동체는 간디가 인도로 돌아간 뒤에도 그의 가르침을 계속 이어 갔습니다.

현재 인도의 모든 지폐에는 간디의 얼굴이 새겨져 있습니다. 이는 지금도 간디가 인도의 정신적 지주이자 인도 독립의 아버지로서 존경받고 있음을 나타냅니다. 하지만 그보다 더 그를 빛나게 하는 건 옳은 일과 진리에 대한 탐구, 모두를 평등하게 사랑하는 마음, 부당함에 맞서 싸울 줄 알았던 용기였습니다.

1 괄호 안에 들어갈 알맞은 말을 고르세요.

> 마하트마 간디는 비폭력 저항 운동을 이끌었고, 많은 종교로 인해 뿔뿔이 흩어진 인도를 하나의 힘으로 이끈 인도의 (   )입니다.

① 운동선수
② 신부
③ 민족 지도자
④ 장군
⑤ 비평가

2 마하트마 간디가 꿈을 이루는 데 가장 큰 힘이 되었던 것으로 알맞은 것은 무엇인가요?

① 남아프리카에서의 변호사 생활
② 누구에게나 기회를 주는 평등한 사회 문화
③ 새로운 관점에서 바라보는 놀라운 창의성
④ 모두를 평등하게 사랑하고 부당함에 맞서 싸울 줄 알았던 용기
⑤ 가족의 극진한 보살핌과 체계적인 교육

3 마하트마 간디에 관하여 바르게 말한 친구의 이름을 쓰세요.

> 제식 마하트마 간디는 종교 차별을 금지하고 모두가 화합하고 어우러져 살기를 바랐어. 그래서 비폭력 저항 운동을 전개했지.
>
> 손나 마하트마 간디는 자급자족 공동체를 만들었고, 훗날 모든 지폐에 얼굴이 새겨질 정도로 큰 부자가 되었어.

▶ 정답: 213쪽

Ⅱ. '나'와 마하트마 간디

STEP 1 포용하는 마음 알아보기

포용하는 마음은 나와 다른 생각을 가진 사람을 멀리하거나 비난하지 않고 넓은 마음으로 그들을 감싸 안는 것을 말해요. 마하트마 간디는 인도 국민들이 분열되는 것이 옳지 않다고 여겼지요. 그래서 자신이 만든 자급자족 공동체인 아슈람에 불가촉천민(가장 낮은 신분의 사람)을 데려와 차별 없이 대했습니다. 이때 간디가 어떤 표정을 지었을지 상상해서 그려 보세요.

★ 표정을 그리기가 어렵다면 말로 설명해 보세요.

STEP 2 마하트마 간디와 사회성

괄호 안에 들어갈 알맞은 낱말을 써 보세요.

마하트마 간디는 변호사였음에도 가장 낮은 신분인 불가촉천민의 이야기를 귀 기울여 듣고, 그들을 차별 없이 대했어. 그래서 수많은 사람들이 마하트마 간디를 존경하고 좋아했지.

➡ 마하트마 간디처럼 다른 사람들과 평화롭게 지내는 능력인 (ㅅ ㅎ ㅅ)을 기르기 위해선 모든 사람을 편견 없이 평등하게 생각하고 존중해야 합니다.

STEP 3 | 사회성 기르기

• 사회성이 높으면 여러 사람들과 좋은 관계를 유지하며 평화롭게 지낼 수 있어요. 좋은 관계는 힘들거나 아플 때 서로에게 힘이 되기도 하지요.

 마하트마 간디는 신분에 상관없이 모든 사람을 동등하게 대하고 존중했어.

그래서 많은 사람들의 존경과 사랑을 받았지.

• 여러분은 친구와 좋은 관계를 유지하기 위해 노력한 적이 있나요? 있다면 그 경험을 적어 보세요.

이것만은 꼭!

마하트마 간디를 떠올려 봐. 평생 모든 사람을 사랑하고 포용하고자 노력했던 간디는 적을 대하는 가장 좋은 방법은 친구가 되는 것이라고 말했어. 다른 사람을 질투하고 미워한다면 사이는 나빠질 수밖에 없어. 사람들과 평화롭게 지내는 가장 좋은 방법은 이해하고 배려하며 따뜻하게 감싸는 것이라는 걸 꼭 기억해 둬.

백성을 사랑한 어진 임금

세종 대왕

 세종 대왕은 평생 백성만 생각했던 성군으로 과학, 농업, 문화, 예술 등 많은 분야에서 수많은 업적을 남겼습니다. 그중에서도 가장 큰 업적은 글을 몰라 불편을 겪는 백성들을 위해 만든 '훈민정음'이었습니다. 다음은 세종 대왕이 훈민정음을 창제했을 때의 일화입니다.

* **과인** 임금이 자기를 낮추어 이르던 말

시간이 흐르며 훈민정음은 백성들에게 퍼져 나갔고,
그들의 말과 글로 자리 잡기 시작했습니다.

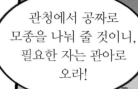

관청에서 공짜로
모종을 나눠 줄 것이니,
필요한 자는 관아로
오라!

저게 바로
훈민정음 아닌가?
조금만 배우면
읽고 쓸 수 있는데,
자넨 여태 안 배우고
뭐 했는가?

공짜로 모종을
나눠 준다는데?

오! 자네 언제
글을 배웠나?

훈민정음이
백성들의 글이
되어 가고 있습니다,
아바마마.

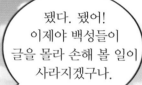

됐다. 됐어!
이제야 백성들이
글을 몰라 손해 볼 일이
사라지겠구나.

백성들이 기뻐하는
모습을 보니, 내 마음이
오늘 날씨와 같이
맑아지는구나.
허허허~

📝 **세종 대왕에 관한 다음 글을 읽고 물음에 답하세요.**

　조선의 제4대 왕 세종은 태종의 셋째 아들로 태어나, 태종의 뒤를 이어 왕이 되었습니다. 세종은 어려서부터 총명하여 무엇이든 배우기를 좋아했어요. 특히 책을 즐겨 읽었는데, 책을 통해 역사, 법, 천문, 음악, 의학 등 여러 방면에서 전문 지식을 쌓았습니다.

　세종은 왕이 되어서도 공부를 게을리하지 않았고, 백성들을 위해 어진 정치를 펼치고자 노력했습니다. 그래서 집현전을 통해 젊은 인재를 등용한 뒤 함께 학문을 연구했으며, 이들과 함께 여러 책을 편찬했어요. 이외에도 세종은 관료, 조세 등에 관한 제도를 정비했고, 천문학과 같은 과학 기술에도 많은 관심을 기울였습니다. 조선 시대 백성들은 주로 농사를 짓고 살았기 때문에 기후를 미리 알고 대비하는 일이 매우 중요했기 때문이었죠. 그래서 세종은 장영실과 같은 관료들에게 천문을 관측할 수 있는 과학 기구를 발명하게 했습니다. 그 결과, 해와 달, 별의 움직임을 관찰하고 시각과 절기를 정확히 알아낼 수 있었지요. 이를 통해 농사에 도움이 되는 정보를 얻게 된 백성들의 삶은 전보다 풍요로워졌습니다.

　또한, 세종은 글을 몰라 불편을 겪는 백성들을 불쌍히 여기고, 백성을 사랑하는 마음으로 쉽게 배울 수 있는 글자인 훈민정음을 만들었습니다. 백성들을 위해 세종은 《용비어천가》를 비롯한 여러 책을 훈민정음으로 펴냈고, 《효행록》과 《삼강행실도》 등을 편찬해 백성들에게 유교 사상을 가르치기도 했습니다. 그 덕분에 백성들은 자기 생각을 글로 전할 수 있게 되었죠.

　이렇게 세종은 과학, 농업, 문화, 예술 등 많은 분야에서 한 사람이 해냈다고는 믿기지 않을 만큼 수많은 업적을 남겼습니다. 모든 업적은 오로지 백성들이 잘 사는 자주적인 조선을 만들고자 했던 세종의 마음에서 시작된 것이었습니다. 백성이 굶지 않고, 외적에게 괴롭힘을 당하지 않으며, 좀 더 사람다운 삶을 누릴 수 있는 나라를 꿈꾸던 왕. 세종은 조선왕조 500년을 통틀어서 가장 눈부셨던 시기를 이끌었던 최고의 성군이었습니다.

1 괄호 안에 들어갈 알맞은 말을 고르세요.

> 세종 대왕은 백성들을 위해 어진 정치를 펼치며 다양한 분야에 훌륭한 업적을 남긴 조선 시대의 (　　　)입니다.

① 임금
② 노비
③ 의사
④ 언어학자
⑤ 예술가

2 세종 대왕이 자신이 바라는 것을 이루는 데 가장 큰 힘이 되었던 것으로 알맞은 것은 무엇인가요?

① 다른 사람을 배려하고 도우려는 마음
② 자기 자신을 자랑스러워하는 마음
③ 계속되는 시련을 이겨 내고자 하는 의지
④ 어머니의 맹목적인 헌신
⑤ 사회제도와 규칙을 적극적으로 받아들이려는 마음

3 세종 대왕에 관하여 바르게 말한 친구의 이름을 쓰세요.

> 현규　세종 대왕은 오로지 백성이 잘 살 수 있는 자주적인 조선을 만들고자 했고, 조선왕조 500년을 통틀어 가장 눈부셨던 시기를 이끈 왕이야.
>
> 미영　세종 대왕은 열린 마음으로 중국의 기술과 학문을 그대로 들여왔고, 그것을 백성들에게 가르친 최고의 왕이야.

▶ 정답: 213쪽

Ⅱ. '나'와 세종 대왕

STEP 1

공감 능력 이해하기

공감 능력은 사회성에서 가장 중요한 능력 중 하나예요. 공감 능력이 뛰어나면 상대방의 입장에서 생각하고 배려하게 되어 사람들과 좋은 관계를 유지할 수 있어요. 공감 능력이 뛰어났던 세종 대왕은 백성들을 위해 훈민정음을 만들었지요. 글자를 몰라 고생하는 백성들을 바라볼 때 세종 대왕은 어떤 표정을 지었을까요? 세종 대왕의 표정을 상상해서 그려 보세요.

★ 표정을 그리기가 어렵다면 말로 설명해 보세요.

STEP 2

세종 대왕과 사회성

괄호 안에 들어갈 알맞은 낱말을 써 보세요.

세종 대왕이 훈민정음을 창제한 것은 글자를 몰라서 불편하고 억울한 일을 겪은 백성들의 입장에 깊이 공감했기 때문이야. 세종 대왕 덕분에 백성들은 글자로 생각을 표현할 수 있게 되었어.

➜ 세종 대왕은 백성들의 입장에 공감했기 때문에 훈민정음을 만들었고, 백성들의 존경과 사랑을 한 몸에 받았습니다. (ㅅ ㅎ ㅅ)은 이처럼 다른 사람의 입장을 이해하고 배려하여, 다른 사람과 잘 지낼 수 있는 능력을 말합니다.

STEP 3 사회성 기르기

- 사회성은 다른 사람의 생각과 감정을 이해하고, 함께 어울리는 능력이에요. 다른 사람의 마음을 헤아리기 위해 노력하면 사회성을 높일 수 있어요.

> 세종 대왕은 늘 백성들의 입장에서 어려운 점이 무엇인지를 생각하고, 그들의 이야기를 듣고자 했어.

> 결국 세종 대왕은 백성들에게 실질적으로 도움이 되는 엄청난 업적을 이룩했지. 그래서 백성들은 세종 대왕을 정말 좋아했어.

- 여러분은 친구들의 마음을 헤아리기 위해 노력한 적이 있나요? 있다면 그 경험을 적어 보세요.

세종 대왕을 떠올려 봐. 세종 대왕은 백성을 무척 사랑했지. 그래서 그 사랑을 표현하기 위해 백성들의 마음을 헤아리고자 노력했어. 백성들에게 그런 마음이 전달되어 세종 대왕은 당시 백성들의 사랑을 받았던 것은 물론 지금까지 존경받는 왕으로 칭송되고 있어. 다른 사람과 잘 지내고 싶다면, 가장 먼저 그 사람의 마음을 헤아리는 것이 중요하다는 것을 잊지 마!

아프리카의 성자

알베르트 슈바이처

 슈바이처는 열악한 환경에서 평생 아프리카 원주민을 보살피며 아프리카에 병원 진료소와 입원실 등을 설립했습니다. 그는 인류에 대한 사랑과 봉사 정신을 꽃피운 진정한 의사였습니다. 다음은 슈바이처가 아프리카 봉사에 일생을 바친 계기가 된 어린 시절 이야기입니다.

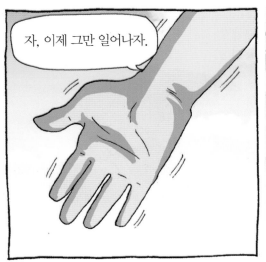

애들아, 저게 무슨 말이야? 방금 게오르크가 뭐라고 한 거야?

우리가 너를 안 좋아하는 이유를 정말 몰라?

애 정말 모르나 봐!

우리는 낡아서 너덜너덜한 신발을 신고 다니는데 너는 늘 깨끗하고 튼튼한 신발을 신고 다니잖아!

맞아. 넌 고기도 자주 먹고, 옷도 좋은 것만 입고 말이지!

뭐?

쳇, 그만하고 가자.

애들아······.

게오르크와 싸운 뒤 아이들에게서 들은 이야기는 어린 슈바이처에게 매우 충격적이었습니다.

그날 이후 고기 수프는 슈바이처에게 먹고 싶지 않은 음식이 되었습니다. 식탁에 고기 수프가 올라올 때마다 게오르크가 눈물을 글썽이며 했던 이야기가 떠올랐기 때문입니다.

새 옷은 놀기에 불편해서 말이지. 나는 낡은 옷이 훨씬 편해.

하여튼 고집쟁이라니깐.

하하.

이때부터 슈바이처는 친구들이 느끼는 가난의 고통을 함께 나누면서 행복을 느꼈습니다.

그 때문에 부모님께 혼이 나기도 했지만 한번 결심한 생각은 절대 굽히지 않았습니다.

알베르트 슈바이처에 관한 다음 글을 읽고 물음에 답하세요.

　슈바이처는 1875년 독일에서 태어났습니다. 목사인 아버지 밑에서 성장한 슈바이처는 어려서부터도 항상 살아 있는 모든 것을 아끼고 보호하며, 소중하게 생각했지요. 슈바이처가 어린 시절을 보낸 독일 귄스바흐 마을의 동네 친구들은 대부분 가난했는데요. 비교적 넉넉한 가정에서 자란 슈바이처는 자신만 좋은 음식을 먹고 좋은 옷을 입는다는 사실에 마음이 무거웠고, 어려운 사람들을 모르는 척하는 일이 마음 아팠습니다.

　결국, 그런 마음은 슈바이처를 가난하고 아픈 병자들이 있는 아프리카로 떠나게 했습니다. 아프리카는 뜨거운 태양과 사나운 맹수, 독벌레들이 우글거리는 정글이었지만, 슈바이처는 열악한 환경에 굴하지 않고 아프리카에 병원 진료소와 입원실 등을 세웠고, 그곳에서 인류에 대한 사랑과 봉사 정신을 꽃피웠습니다. 그리고 의사로서 수많은 아프리카 원주민들의 목숨을 구했습니다. '아프리카의 성자'로 불리는 슈바이처는 평생 아프리카 원주민을 보살폈고, 그들에게 삶의 희망을 가져다준 진정한 위인이었습니다.

1 괄호 안에 들어갈 알맞은 말을 고르세요.

> 슈바이처는 어려서부터 어려운 사람들의 고통을 외면하지 못했고, 이후
> 아프리카로 가서 수많은 환자들의 목숨을 살린 훌륭한 (   )입니다.

① 군인
② 의사
③ 판사
④ 교사
⑤ 음악가

2 알베르트 슈바이처가 꿈을 이루는 데 가장 큰 힘이 되었던 것으로 알맞은 것은 무엇인가요?

① 어려운 사람들을 생각하는 마음
② 동네 친구들과의 우정
③ 목사 아버지의 무관심
④ 아프리카의 사나운 맹수
⑤ 훌륭한 병원 시설

3 알베르트 슈바이처에 관하여 바르게 말한 친구의 이름을 쓰세요.

> 수현 알베르트 슈바이처는 경제적으로 어려워서 먹을 것도 제대로
> 먹지 못하고 옷도 제대로 입지 못했음에도 불구하고 결국 자기가
> 바라는 꿈을 이루었어.
>
> 지원 가난하고 어려운 사람들을 외면하지 않았던 알베르트 슈바이처
> 는 아프리카의 수많은 환자들을 치료했고, 훗날 '아프리카의
> 성자'로 불리게 되었어.

▶ 정답: 213쪽

II. '나'와 알베르트 슈바이처

사회성 발휘하기

슈바이처는 모든 생명은 존중받아야 한다는 생각으로 수많은 아프리카 원주민의 생명을 구했어요. 뜨거운 태양과 사나운 맹수, 독벌레들이 우글거리는 열악한 환경이었지만 슈바이처는 아프리카인들의 고통을 모른 척할 수 없었지요. 슈바이처가 아프리카에서 환자들을 돌보며 어떤 표정을 지었을지 상상해서 그려 보세요. 또는 어떤 말을 했을지 써 보세요.

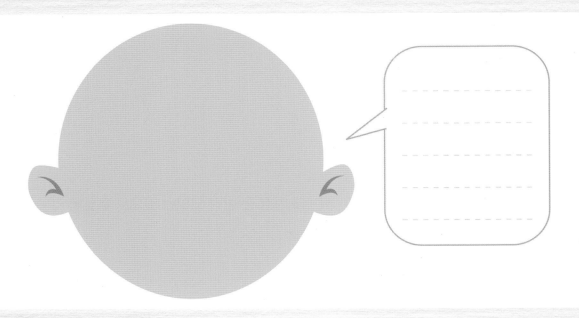

★ 표정을 그리기가 어렵다면 말로 설명해 보세요.

알베르트 슈바이처와 사회성

괄호 안에 들어갈 알맞은 낱말을 써 보세요.

어릴 때 슈바이처의 동네 친구들은 대부분 가난했어. 예민하고 순수했던 슈바이처는 친구들이 느끼는 것보다 가난의 고통과 슬픔을 더 크게 느꼈지. 그 후, 슈바이처는 친구들의 고통을 함께하려고 좋은 음식을 거부하고 낡은 옷을 입으며 친구들과 똑같은 모습으로 생활했어.

➡ 슈바이처는 부유한 환경에서 자랐지만 가난한 친구들의 고통에 공감했지요. 슈바이처의 이러한 (ㅅㅎㅅ)은 훗날 그가 아프리카에서 의료 봉사를 하는 데 큰 역할을 했습니다.

STEP 3 미래 관계 생각하기

• 우리는 다양한 주변 사람들과 관계를 맺으며 생활합니다. 여러 사람들과 사회를 이루어 함께 살아가고 있는 것이지요.

 슈바이처는 좋은 환경에서 자랐지만 가난하고 굶주린 사람들을 외면하지 않았어. 오히려 그들의 고통을 자신이 더 크게 느꼈어.

슈바이처에게는 좋은 부모님이 있었고, 가난했지만 어린 시절을 함께한 친구들, 그리고 아프리카의 병원에서 함께 봉사했던 사람들이 있었어.

• 20년 후에 여러분은 어떤 사람들과 함께 생활하고 있을까요? 가족 또는 주변 사람들을 떠올리며 미래의 관계를 적어 보세요.

이것만은 꼭!

슈바이처를 떠올려 봐. 슈바이처는 가난한 사람들의 고통을 늘 함께했지. 특히 아프리카 원주민들의 아픔에 공감했고, 그곳에서 일생을 봉사하며 자신의 삶을 헌신했어. 가난하고 어려운 사람들의 일은 자신의 일이 아니라고 해서 모른 척하면 안 돼. 사람은 혼자 살아갈 수 없으니까. 지금부터라도 나와 가족, 가까운 사람부터 시작해서 멀리 떨어져 사는 사람에게까지 관심을 기울이도록 노력해 봐.

모범 답안

22강 창의성 ① 니콜라 테슬라

I. 조목조목 인물 탐험

1 ⑤   2 ④   3 준식

II. '나'와 니콜라 테슬라

[STEP 2] 니콜라 테슬라와 창의성

창의성

[STEP 3] 창의성 기르기

- 터지지 않는 비눗방울을 만들고 싶다는 내 생각을 듣고 친구들이 웃고 놀릴까 봐 걱정한 적이 있다.
- 새로운 실험을 하고 싶은데 준비물이 많이 필요하고 번거로워서 혼자 힘으로 할 수 없을 것 같아 걱정한 적이 있다.
- 선생님께 칭찬을 받고 싶은 마음에 서둘러 글짓기를 하다 보니 생각을 제대로 정리하지 못한 적이 있다.

23강 창의성 ② 토머스 에디슨

I. 조목조목 인물 탐험

1 ②   2 ⑤   3 영주

II. '나'와 토머스 에디슨

[STEP 2] 토머스 에디슨과 창의성

창의성

[STEP 3] 창의성 기르기

- 처음부터 잘할 수는 없으니까 다시 한번 생각해 볼게.
- 이제부터 제대로 될 수 있게 연구해 볼 거야.
- 괜찮아. 내 생각은 이렇게 조금씩 나아지고 완성될 거니까.

24강 창의성 ③ 스티브 잡스

I. 조목조목 인물 탐험

1 ②   2 ①   3 정희

II. '나'와 스티브 잡스

[STEP 2] 스티브 잡스와 창의성

창의성

[STEP 3] 창의성 유지하기

- 내가 만든 물건을 보고 친구가 모양이 이상하다며 웃어서 고민했다. 하지만 그건 친구의 생각일 뿐이니까 나는 처음 내 계획과 생각에 집중하려고 한다.
- 내가 생각한 방법을 동생이 말도 안 되는 소리라고 해서 속상했다. 하지만 포기하지 않고 동생에게 내 생각을 자세히 설명해 줬다. 나중엔 동생도 내 생각이 좋다고 했다.
- 내가 생각했던 대로 실험했는데 원하는 결과가 나오지 않아서 낙담했다. 하지만 포기하지 않고 다른 방법을 찾아볼 것이다.

25강 창의성 ④ 파블로 피카소

I. 조목조목 인물 탐험

1 ④   2 ③   3 수호

II. '나'와 파블로 피카소

[STEP 2] 파블로 피카소와 창의성

창의성

[STEP 3] 창의성 기르기

- 내가 관심 있는 분야와 관련된 책을 많이 읽을 것이다.
- 부모님이나 선생님께 더 잘할 수 있는 방법이 무엇인지 여쭤볼 것이다.
- 내가 좋아하는 분야에서 성공한 위인을 찾고 조사해 볼 것이다.
- 관심 있는 분야에 관해 친구와 이야기하면서 내 부족한 부분을 보완할 것이다.

26강 창의성 ⑤ 레오나르도 다빈치

I. 조목조목 인물 탐험

1 ②   2 ③   3 혜진

II. '나'와 레오나르도 다빈치

[STEP 2] 레오나르도 다빈치와 창의성

창의성

[STEP 3] 창의성 기르기

- 나는 햄스터 기르기에 관심이 많다.
- 내 방식대로 영상을 찍고 거기에 글자와 소리를 넣어서 사람들이 감탄하는 영상을 만들고 싶다.
- 재미있는 놀이를 찾는 일에 관심이 많다.

27강 창의성 ⑥ 알베르트 아인슈타인

I. 조목조목 인물 탐험

1 ② 2 ④ 3 지유

II. '나'와 알베르트 아인슈타인

[STEP 2] 알베르트 아인슈타인과 창의성

창의

[STEP 3] 창의성 기르기

• 새가 어떻게 하늘을 나는지 알고 싶다. 친구들은 새니까 그냥 날 수 있다고 하는데 나는 그 원리가 궁금하다.

• 바닷속을 깊이 잠수하는 옷을 만들고 싶다. 깊은 바닷속에서도 숨을 쉴 수 있는 옷이 있으면 좋을 것 같다.

28강 창의성 ⑦ 안토니 가우디

I. 조목조목 인물 탐험

1 ① 2 ⑤ 3 민재

II. '나'와 안토니 가우디

[STEP 2] 안토니 가우디와 창의성

창의적

[STEP 3] 창의성 기르기

• 나는 신발장 정리를 잘한다. 집에서 내가 신발장 정리 담당인데, 처음에는 줄만 맞춰서 놓다가, 지금은 신발의 필요에 따라서 층을 나누어 정리하기도 한다.

• 학급에서 내 1인 1역이 책장 닦기인데, 처음에는 젖은 걸레와 마른 걸레를 따로 준비해서 청소했다. 그게 불편했던 나는 걸레의 절반에만 물을 묻혀서 젖은 쪽과 마른 쪽으로 나누어 사용했더니 청소가 편해졌다.

29강 감성 ① 마리아 몬테소리

I. 조목조목 인물 탐험

1 ① 2 ③ 3 상규

II. '나'와 마리아 몬테소리

[STEP 2] 마리아 몬테소리와 감성

감성

[STEP 3] 감정 표현하기

• 늘 바쁘신 엄마를 위해서 거실 청소를 도와드리고 싶다.

• 아침에 일찍 일어나서 출근하시는 아빠가 힘이 나도록 큰 소리로 인사를 할 것이다.

• 책 읽기를 좋아하는 동생을 위해서 큰 소리로 책을 읽어 줄 것이다.

• 어깨와 다리가 아프다고 하시는 할머니를 위해서 안마를 해드리고 싶다.

30강 감성 ② 정조

I. 조목조목 인물 탐험

1 ② 2 ⑤ 3 근주

II. '나'와 정조

[STEP 2] 정조와 감성

감성

[STEP 3] 감정 조절하기

• 사소한 일로 친구와 다투어서 화가 났는데, 그 친구와 다시 만나 즐겁게 놀다 보니 마음이 풀렸다.

• 시험 문제를 많이 틀려서 속상했는데, '최선을 다한 것이 중요하다'는 내용이 담긴 책을 읽고 나니 마음이 괜찮아졌다.

• 숙제가 많아서 힘들었는데, 숙제를 다 하고 나서 무엇을 하고 놀지 생각하니 즐거운 마음이 들었다.

• 좋아하는 선생님이 다른 학교로 전근을 가신다고 해서 슬펐는데, 선생님께서 꼭 안아 주시고, 이메일 주소를 알려 주셔서 마음이 좀 풀렸다.

• 달리기 연습을 아무리 해도 실력이 늘지 않아 힘들고, 창피했다. 그런데 어떤 책에서 달리기 속도가 느리고 약했던 아이가 커서 당당하게 마라톤 선수가 되었다는 이야기를 읽고, 나도 포기하지 않고 꾸준히 연습해야겠다고 생각하니 마음이 편해졌다.

31강 감성 ③ 리처드 파인먼

I. 조목조목 인물 탐험
1 ④ 2 ② 3 인희

II. '나'와 리처드 파인먼
[STEP 2] 리처드 파인먼과 감성
감성

[STEP 3] 감성 기르기
• 준비물을 깜빡 잊고 학교에 간 적이 있다. 놀라고 걱정됐지만 다행히 짝에게 준비물이 하나 더 있어서 그 준비물을 빌려 썼다.
• 열심히 공부를 했는데, 시험 결과가 무척 나빠서 실망스러웠다. 하지만 무엇을 틀렸는지 다시 한번 확인하면서 다음 번 시험 때 주의해야 할 점이 무엇인지를 알게 되었다.
• 현장체험학습 전날, 감기에 걸려서 체험학습에 못 가고 말았다. 슬프고 눈물이 났지만, 정성껏 간호해 주시는 엄마를 보면서 가족의 사랑을 더욱 느끼게 되었다.

32강 감성 ④ 마더 테레사

I. 조목조목 인물 탐험
1 ③ 2 ⑤ 3 수란

II. '나'와 마더 테레사
[STEP 2] 마더 테레사와 감성
감성

[STEP 3] 다른 사람 배려하기
• 어미를 잃고 우는 새끼 고양이를 본 적이 있다. 그냥 지나칠까 생각도 했지만 고민을 하다가 주변의 어른들에게 도움을 요청했다.
• 선생님께서 무거운 짐을 들고 가실 때, 용기를 내서 도와드리겠다고 말씀드린 적이 있다.

33강 감성 ⑤ 오리아나 팔라치

I. 조목조목 인물 탐험
1 ③ 2 ③ 3 하은

II. '나'와 오리아나 팔라치
[STEP 2] 오리아나 팔라치와 감성
감성

[STEP 3] 감성 이해하기
• 갑자기 화가 날 때는 숨을 크게 3번 쉬고 10까지 세려고 노력한다.
• 시험문제를 다 맞혀서 너무 기분이 좋았지만, 시험을 못 본 친구들을 생각해서 기분 좋은 티를 내지 않으려고 노력했다.

34강 감성 ⑥ 월트 디즈니

I. 조목조목 인물 탐험
1 ① 2 ① 3 광호

II. '나'와 월트 디즈니
[STEP 2] 월트 디즈니와 감성
감성

[STEP 3] 나의 감정 알아보기
• 요즘은 친구들과 사이도 좋고 학교생활도 만족스러워서 매우 즐겁게 생활하고 있다.
• 학교와 학원에서 숙제가 많아서 쉴 시간도 없고 너무 지치고 힘이 든다.

35강 사회성 ① 레프 톨스토이

I. 조목조목 인물 탐험
1 ① 2 ⑤ 3 채린

II. '나'와 레프 톨스토이
[STEP 2] 레프 톨스토이와 사회성
사회성

[STEP 3] 사회성 기르기
• 키우던 강아지가 죽어서 슬퍼하던 친구를 위로해 주었다.
• 운동회 때 달리기를 하다가 넘어진 친구에게 다가가 일으켜 주고 괜찮은지 물어보았다.
• 팔을 다쳐서 가방을 잘 들지 못하는 친구의 가방을 대신 들어 주었다.

36강 사회성 ② 마크 트웨인

I. 조목조목 인물 탐험

1 ④ 2 ④ 3 지민

II. '나'와 마크 트웨인

[STEP 2] 마크 트웨인과 사회성

사회성

[STEP 3] 사회성 기르기

- 내가 하고 싶은 말만 할 것이 아니라 친구의 생각은 어떤지 물어보면서 대화를 나눌 것이다.
- 친구의 이야기를 잘 듣고, 친구가 물어보는 내용에 친절하게 대답하며 대화할 것이다.

37강 사회성 ③ 마틴 루서 킹

I. 조목조목 인물 탐험

1 ④ 2 ③ 3 예원

II. '나'와 마틴 루서 킹

[STEP 2] 마틴 루서 킹과 사회성

사회성

[STEP 3] 사회성 유지하기

- 어린 친구들과 함께 놀고 싶었는데 또래 친구들이 어린애들과 논다고 나를 놀렸다. 하지만 모두가 다 같이 어울려 놀면 더욱 재미있을 거라는 말로 친구들을 설득시켰다.
- 남자아이들이 축구를 하면서 여자아이들은 끼지 못하게 했다. 그래서 남자아이들에게 남자, 여자로 나누지 말고 모두 다 함께 즐겁게 축구를 하면서 놀자고 솔직하게 말했다.

38강 사회성 ④ 마하트마 간디

I. 조목조목 인물 탐험

1 ③ 2 ④ 3 제식

II. '나'와 마하트마 간디

[STEP 2] 마하트마 간디와 사회성

사회성

[STEP 3] 사회성 기르기

- 친구가 고민을 이야기할 때 끝까지 진심을 다해 들어주었다.
- 실수로 친구의 학용품을 망가뜨렸을 때 진심을 담아 사과했다.
- 친구가 글짓기 대회에서 상을 탔을 때 박수를 보내며 진심으로 축하해 주었다.

39강 사회성 ⑤ 세종 대왕

I. 조목조목 인물 탐험

1 ① 2 ① 3 현규

II. '나'와 세종 대왕

[STEP 2] 세종 대왕과 사회성

사회성

[STEP 3] 사회성 기르기

- 친구가 힘든 일을 겪었을 때 나라면 어땠을지 생각해 봤다.
- 다른 사람이 나를 기분이 상하게 했던 일을 떠올리고 절대로 나는 다른 사람에게 그렇게 하지 않겠다고 결심했다.
- 친구에게 기분이 어떤지 직접 물어봤다.

40강 사회성 ⑥ 알베르트 슈바이처

I. 조목조목 인물 탐험

1 ② 2 ① 3 지원

II. '나'와 알베르트 슈바이처

[STEP 2] 알베르트 슈바이처와 사회성

사회성

[STEP 3] 미래 관계 생각하기

- 20년 후에 나는 결혼해서 배우자와 살고 있을 것 같다. 아기도 낳았을 것 같다.
- 연예인으로 활동하고 있을 것 같다. 매니저와 메이크업 아티스트가 내 일을 도와주기 위해 항상 나와 같이 다닐 것 같다.

MEMO

MEMO

MEMO